知日 56

出版人＝苏静
主编＝乌龙茶
内容监制＝西一
总编助理＝张艺

编辑＝陈鸣 / 西一 / 桑禾
特约撰稿人＝根岸月华（东京）/ 马冬梅（东京）/ 森井 yuka（东京）/ ICHI（东京）
特约插画师＝邓知玄 / 还有谁叫皮皮赖 / 望川 / 王洋 / 王晓晗
特约摄影师＝戴远迪（东京）/ 魏立云（东京）/ yasu（东京）/ 堀内庆太郎（东京）/ 崔航宇（东京）
策划编辑＝ 蒋蕾
责任编辑＝西一
营销编辑＝刘姿婵 / 张艺
平面设计＝黄俊 / 穆星

it is JAPAN
Publisher=Johnny Su
Chief Editor=LonnyWood
Content Director=Xi Yi
Assistant Of Chief Editor=Zhang Yi
Editor=Chin Mei / Xi Yi / Sang He
Special Correspondent=Nekishi Tsukika(Tokyo) / Ma Dongmei(Tokyo) / Morii yuka(Tokyo) / ICHI(Tokyo)
Contributing Illustrator=Deng Zhixuan / Pipilai / Wang Chuan / Wang Yang / Wang Xiaohan
Contributing Photographer=Dai Yuandi(Tokyo) / Wei Liyun (New York) / yasu(Tokyo) / Horiuchi Keitarou(Tokyo) / Cui Hangyu(Tokyo)
Acquisitions Editor=Jiang Lei
Responsible Editor=Xi Yi
Marketing Editor=Liu Zichan / Zhang Yi
Graphic Design=Drin / Mu Xing

特集

别册

regulars

图书在版编目（CIP）数据

知日·便利店全解读 / 茶乌龙主编. -- 北京 : 中信出版社, 2019.4（2019.11 重印）
ISBN 978-7-5086-9054-4

Ⅰ.①知… Ⅱ.①茶… Ⅲ.①零售商店—连锁经营—商业史—日本 Ⅳ.①F733.134.2

中国版本图书馆CIP数据核字(2018)第121895号

知日·便利店全解读

主　　编：茶乌龙
出版发行：中信出版集团股份有限公司
（北京市朝阳区惠新东街甲4号富盛大厦2座　邮编　100029）
承 印 者：天津图文方嘉印刷有限公司

开　　本：787mm × 1092mm　1/16　　印　　张：11　　字　　数：200千字
版　　次：2019年4月第1版　　印　　次：2019年11月第3次印刷
广告经营许可证：京朝工商广字第8087号
书　　号：ISBN 978-7-5086-9054-4
定　　价：69.80元

特集 撰稿人

根岸月华
汉语、英语、日语翻译者。曾在纽约的日系出版社工作，负责周刊的特辑栏目编辑。现居于东京，就读于上智大学文学部新闻系。

戴宁
大连人，定居日本，心在世界。教育学在读博士，松下奖学金获得者，人类学研究团体“仙人会”干事。从大学时代开始游学日、澳、美，在中西方之间深度感受各类文化，拥有文化观察员、同声传译、教师、留学顾问、自由撰稿人等跨界职场体验。

杨安琪
北海道大学硕士。北海道开发技术中心兼职翻译。在微博“千夜zerose”分享留学生活及自己眼中的日本社会。吃太多的时候总会去 7-Eleven 买 173 日元的酸奶。

庄悦
自由撰稿人，上智大学新闻学硕士，现居日本。曾任日本艺术家丸山纯子驻留项目《野花畑》日语翻译，并参与拍摄该项目的纪录片《吉磊和丸山的六十天》。留学日本后作为艺术家助手参与“5 Rooms”横滨五人展、“观光 BankArt Live V”等展览的布展工作。

森井 yuka
立体造型家兼杂货收藏家。毕业于桑泽设计研究所，东京造型大学硕士。主要研究黏土造型设计与各种日用品。代表作“超市迷”系列（讲谈社）。2017 年 1 月出版《旅行、杂货与设计》（钻石社）。www.yuka-design.com

ICHI
毕业于多摩美术大学环境设计专业，本科主修信息设计媒体艺术，现居东京。2011 年加入国际艺术组织 hakushi，并多次携作品于原宿 vancant、中国台湾台北华山 1914、东京横滨 BankART、纽约 Williamsburg Art & Historical Center（威廉斯堡艺术与历史中心）出展。现为科技艺术团队 teamLab 成员。

魏立云
摄影师，公众平台写手。现居日本，多摩美术大学硕士，上田义彦别组成员。

璐不鹿
半个电影艺术工作者，半个设计工作室主理人。长期迷影，闲时爱书，日本电影深度爱好者，北野武的死忠粉。本科学音乐，硕士读经济，希望未来能考上一个电影相关专业的博士。

regulars 撰稿人

不存在的盒子
90 后，O 型血，巨蟹座。书虫，电影爱好者，痴迷音乐，不专业摄影爱好者。截图控，台词控，考据党。老派动漫宅，偶像观察员，日本文化爱好者。迷恋上世纪末。自学日语。自由撰稿。

彼得猫（彭永坚）
从佛山、东京、广州到上海，一直生活在外，洞察力属 AB 型。《周末画报》前生活方式创意总监，南方电影论坛、广州书墟发起人，于 2009 年创办“彼得猫 · 古本店”。现任唯品生活创意总监。

李长声
旅日作家、日本出版文化史研究专家。曾任日本文学杂志副主编，著有《哈，日本》《日下书》《枕日闲谈》《纸上声》等。

受访人

田矢信二
出生于日本大阪，便利店研究家。1999 年从近畿大学毕业后，先后在 7-Eleven 日本、罗森就职。 曾为便利店提出过各种方案，并从自身经验发展出一套自己独特的管理技巧。在此之后，于 2013 年加入船井综合研究所，担任流通业、餐饮业的特许加盟商的培训讲师。现正以便利店研究专家的身份活跃在零售行业。著有《为什么在 7-Eleven 工作的人会变得抢手呢？》等书。现任职于株式会社调查研究中心（SURVEY RESEARCH CENTER）。

铃野浩一
1973 年生于神奈川县。设计师，与秃真哉于 2004 年创立 Torafu 建筑设计事务所。以建筑设计的思考方式为基础，参与室内装饰、展览陈列、产品设计、电影制作等多个领域。主要作品有“模板”、“空气之器”、“光的织机”、Trunk Store。其中“光的织机”被评选为埃里达设计奖最佳奖，“空气之器”被蒙特利尔美术馆永久收藏。

梅佳代
1981 年出生于石川县，因“男子”“女子中学生”系列连续两年获得佳能写真新世纪奖。2006 年发表第一本写真集 *Ume-me*（うめめ），获得第 32 届木村伊兵卫摄影奖。2013 年在东京歌剧院画廊举办个展“梅佳代展 UMEKAYO”。其作品因用独特视角展现日常生活，而受到国内外的好评。作品常年在各种媒体和展览上发布。

特别鸣谢

●罗森日本● Torafu 建筑设计事务所●田矢信二●梅佳代

联络知日 ZHIJAPAN ●订阅、发行、投稿、建议、应募 zhi.japan@foxmail.com ●微博 @ 知日 ZHIJAPAN ●微信 zhi_japan ●豆瓣小站 http://site.douban.com/113806/ ●商业合作洽谈 (010) 67043898 ●发行支持 中信出版集团股份有限公司，北京市朝阳区惠新东街甲 4 号，富盛大厦 2 座，100029

特集●

便利店全解读

知日 56
it is JAPAN

❶ ⇨ 便利店的历史纵贯线
コンビニの歴史縦貫線
陈鸣 / text
王洋 / illustration

❷ ⇨ 便利店数据库
コンビニエンスストアのデータベース
陈鸣 / text

便利店是怎样的存在？
コンビニとは一体どんな存在なのか?

对于便利店，我们已经越来越习以为常了。无论你身处繁华的大都市，还是宁静的小镇，在便利店里，货架上始终都是那些琳琅满目的商品，店员总是能提供最周到贴心的服务。便利店以万花筒的形式，将你日常所需的一切捕获其中。一门新的生活艺术就此诞生：上班途中，或是放学路上，尽管并未抱有明确的购物目的，但却总会被便利店的气氛所吸引，进入便利店，或闲逛,或消费。便利店也是城市化的隐喻，它的数量，就是一个地方城市化的指标。当置身于陌生之地时，让人感到熟悉的，只有千篇一律的便利店，它们像是一座座矗立在繁华都市当中的灯塔，让人心安。而对于日本人来说，便利店更是被赋予了深层的意义。几十年间，它伴随着战后经济的飞速发展，也见证了经济泡沫的瞬间破裂。如今，便利店悄然遍布日本的每个角落，它俨然已成为人们日常生活中不可或缺的一部分，为人们提供生活的庇护所。而高度普及的便利店，映衬出的也是人们内心深处的孤独感。你是否有想过，当踏入这灯火通明的店铺时，你期待的，究竟是物质上的满足，还是精神上的慰藉？

《知日》编辑部

NATURA
ほうじ茶ラテ¥210

你在便利店里待了一个小时，就为了选个和昨天不一样的酸奶。这并没有什么奇怪的，你身边的人，早就换了无数批，而你根本注意不到。这大概也是便利店能让人感到“便利”的地方。

人和人永远保持着友好的距离，选购着各自心仪的饭团和便当，互不干涉，相互礼让。

早上永远都会排队的便利店挤满了买咖啡的上班族、买早餐的学生妹，他们的差别在早上长长的队伍里都消失不见了，在同一个便利店里排着队，等会儿还都会赶去 8 点 50 分发车的那班电车。排队的时候，店里很安静，最大的声音是店员的“下一位客人请上前”，这种平常到让人记不住的早晨，令人舒心。

戴远迪 / photo

あの、ブルーが帰って
KIOSK
NewDays
おにぎり
サンドイッチ
お飲み物
禁煙
No Smoking
発売中

KIOSK
Panest
西武新宿線
東西線
Tōzai Line
早稲田口
Waseda Entrance
JR
JR東日本
SEIBU PRINCE CLUB
0120-122-317

特集　便利店全解读

MACHI
café
MACHIcafé
大きなゴミ箱は
入口のところにあります。

ZHI JAPAN

特集　便利店全解读

遠隔画像監視
システム
ALSOK
MONITORED AREA

Famiポート
26470
解禁
たばこ
お酒
セーフティステーション活動実施店
SAFETY STATION
取扱いサービス
銀行
ATM
マルチ
コピー
配送
サービス
写真
プリント

スタッフ募集!
SEVEN CAFÉ
Ⓡレギュラー専用
レジに並ばず
すぐ買えます!
ATM
ATM
Free Wi-Fi
7-ELEVEN
あなたの居場所

7-ELEVEN
TAX-FREE SHOP
免税

我的便利店故事
私のコンビニストーリー

little kiki / interview

鸟鸟一

插画师

知日：你喜欢去哪家便利店？

鸟鸟一：全家。它在我所在的城市分布比较密集，在地铁站里也有，非常方便。当然罗森我也喜欢去，因为它的盐味鸡肉串我好爱。

知日：你在便利店见到过最意想不到的东西是什么？

鸟鸟一：最意想不到的东西，是扭蛋。我第一次去便利店的时候就被扭蛋设施吸引了。饭团也有很多种，7-Eleven集点换购的集点贴纸太可爱，能换购的卡通周边玩具也非常让人心动。

知日：你觉得便利店在一座城市中扮演什么样的角色，或者说它能反映城市的什么？

鸟鸟一：我最早是看香港电影和日本电影接触到便利店文化，到了上大学的时候，便利店才开始在我所在的那座北方城市一家一家地多起来，因为感觉方便快捷，慢慢就开始依赖便利店。所以我想，便利店大概是城市经济文化稳定的象征吧。

知日：在便利店，是否有让你印象深刻的故事？

鸟鸟一：有阵子朋友在便利店打工，我在附近的日语班学习，有空就会去朋友店里点些食物，然后坐在角落猛补作业跟背单词，等朋友下班再一起回学校，有一种平凡快乐的感觉。

知日：你对便利店的什么最感兴趣？

鸟鸟一：食物，我喜爱食物，特别是各种新出的饭团和面包蛋糕。我有一个朋友是便利店爱好者，我们会互相通知对方最近出了什么新品，然后在各自的城市吃。

公元 1987

作家、文化评论人

知日：你喜欢去哪家便利店？

公元 1987：罗森。无论在中国还是日本，都能买到各式各样的饭团。

知日：你在便利店见到过最意想不到的东西是什么？

公元 1987：拉面。有次去熊本，在近郊的一家罗森竟然发现了店内有现做的拉面，非常震惊。

知日：你觉得便利店在一座城市中扮演什么样的角色，或者说它能反映城市的什么？

公元 1987：温暖匆忙走过的人的内心。一座城市里，需要有这样的饮食文化。

知日 在便利店，是否有让你印象深刻的故事？

公元 1987：我曾经有一段时间过得很艰难，那是从IT转行做电影的日子。做IT行业时，我做到了电信服务公司的部门主管，一个月的收入还算高，但转行之后，一切从头开始，又回到当初刚找工作时候的困顿局面。那时候只有 2 000 块，在北京，有一段时间连吃饭都成问题。我后来发现，有几家便利店会在十点之后，将一些快过期的便当或者面包打折，通常半价甚至更便宜，如果还卖不掉就要扔掉。于是我就在晚饭的时候饿着不吃，等到十点之后，再去便利店买打折的便当。有一天晚上，我照旧到了十点去便利店里买便当。但那天不知道为什么，便当不再是单纯的打折，而是变成了买两盒才半价。本来我想买了之后留一盒当第二天中午的午餐，但我住的地方没有冰箱，如果放一个晚上，便当就坏掉了，所以没有办法买两盒。

这时候后面有个男人跟我说，“你也买便当？”

我回头，看见一个穿着白衬衣黑西裤、文质彬彬的小伙。

我说：“是啊。“

他说：“要不我们凑一起买吧，我也只要一盒。”

于是我和他去结账，完了在旁边的座位上吃。

他问我：“你干哪行的？“

我说：“做电影宣传。“

他说：“我都在电脑上看电影，现在这行好做吗？“

我心想，好做我会在这里跟你吃便当吗？不过还是对他说，挺好的，干得很开心。

他说：“我做地产的，刚来北京两个月。底薪只有 800，全得靠提成。“

我说：“房子好卖吗？“

他说：“我还不够资格卖房子，现在只能跟着主管接一些他不要的散客，以及陪一些租房的客人看看。有时候一天要跑十多处房子，有一次找不到路，在百子湾绕了一个下午，结果那天一个单子都没成，白做了。“

我说：“那你也挺辛苦的啊。“

他说：“没事，北京机会多，熬熬就出头了。“

我说：“以后有什么打算吗？“

他说：“能把我媳妇接过来就满足了，她一直挺想来北京的。“

我说：“你这么年轻都结婚了啊！“

他说：“嘿嘿，是啊，两年前就结了，但不敢要小孩，我想等在北京赚够了再要。我老婆做的饺子可好吃了，我想以后给她在北京开家饺子馆，我也不做这个了，跟她一起干。到时候请你吃。“

我说：“谢谢。“

我实在饿了，说不到几句话就狼吞虎咽地吃完了，然后跟他说我回去了，互相道别。

后来我在这个便利店买过很多便当，但再也没有见过他。再后来我离开北京，到了上海。有一次，我在拍戏的时候，正好要拍便利店的夜戏。很简单的戏，女主角和男主角进来买薯片，说了几句对白，然后就离开。在现场的时候，我突然想起这段往事，于是说，要不改一下，你们吃便当吧。

女主角怔住了，说：“那，坐在这里吃？“

我说：“对。“

男主角说：“那对白还用吗？“

我说：“改一改吧。你说一个故事给她听。就说很多年前，你在这里也吃过便当，遇到了一个小伙，穿着白衬衣黑西装……”

知日：你对便利店的什么最感兴趣？

公元 1987：比如深夜的顾客，总感觉深夜里去便利店的人有很多故事。

Overwater

摄影师

知日：你喜欢去哪家便利店？

Overwater：并没有刻意要去哪家，一般来说，7-Eleven、罗森、全家，哪家正好路过就进去了。觉得便利店的最大优点就是便利，所以不太会刻意去哪家。

知日：你在便利店见到过最意想不到的东西是什么？

Overwater：相对而言，日本便利店提供很多别的服务，我寄过快递，也让便利店代收过包裹，一般取钱的话也会直奔便利店。中国的便利店会有粽子和茶叶蛋，还可以很方便地用手机支付。

知日：你觉得便利店在一座城市中扮演什么样的角色，或者说它能反映城市的什么？

Overwater：便利店是一个城市的小小百宝箱，给人安全感。街角有能买到各种暖胃的小食，甚至在关键时刻可以求助的一家常年亮灯的小店，有时候就算不买东西，只是在半夜经过，都会觉得很安心。

知日：在便利店，是否有让你印象深刻的故事？

Overwater：都是些想起来会微笑的瞬间吧。曾在语言不通的陌生国度的便利店，店员为了告诉我哪个是蟹肉串，在柜台里划着手臂来回横行学螃蟹。也碰到过已经走出便利店好几十米，店员冲出来送遗忘的钱包的事。

知日：你对便利店的什么最感兴趣？

Overwater：我有个朋友是便利店达人，在他的点拨之下，才知道原来每家便利店都有自己的小骄傲：可能是某款炸鸡排，或是某个抹茶小甜点，也可能是某款限定的小零食……所以我现在每次都会仔细看一下货架，发现个新鲜小物就忍不住想尝一下。

花落成蚀

果壳网新媒体主编

知日：你喜欢去哪家便利店？

花落成蚀：最喜欢去的是7-Eleven，因为近。我去便利店，一般是买饭和饮料。就说便当，感觉全家的便当更合我胃口。但公司附近只有7-Eleven，所以最喜欢去的就是7-Eleven。

知日：你在便利店见到过最意想不到的东西是什么？

花落成蚀：前两年有段时间，北京的7-Eleven开始提供海底捞的红油口味关东煮，作为一个有西南胃的人，我特开心。没想到过了一个月就没有了。

知日：你觉得便利店在一座城市中扮演什么样的角色，或者说它能反映城市的什么？

花落成蚀：我觉得它和美式快餐一样，是一个城市开放的象征，也是一个城市欢迎国际游客的实证。我喜欢去南亚、东南亚和非洲旅游，在这些地方，经常会遇到食物不合胃口或者对卫生不放心的情况，尤其是南亚。这时，如果能遇到一个日式的便利店，或者是美式的快餐店，一切问题都解决了，干净又便宜。

←

知日：在便利店，是否有让你印象深刻的故事？

花落成蚀：有一个晚上，我在河内闲逛。遇到个类似于 7-Eleven 的便利店，进去买了点东西，结果找零时被坑了。越南盾是一种零特别多的货币，作为一个数学不太好的中国人，我遇到这样的钱经常数错。没想到那个越南店员也非常清楚老外经常会犯这种错，找了一张小钱，我果然数错了零，被坑了一笔。

知日：你对便利店的什么最感兴趣？

花落成蚀：我是个酒鬼，便利店卖不卖酒对我影响很大。所以，我到一个国家，都会观察便利店卖不卖酒。最好玩的是新加坡，那儿的便利店在晚上 10 点以后就不许卖酒了，会给酒柜缠上铁链，装上大锁，非常魔幻。

祝老星

插画师

知日：你喜欢去哪家便利店？

祝老星：很喜欢全家，无论在日本或者中国。不知道是不是因为颜色很好看。

知日：你在便利店见到过最意想不到的东西是什么？

祝老星：应该是中国台湾的 7-Eleven 便利店，里面有厕所，觉得很不错。

知日：你觉得便利店在一座城市中扮演什么样的角色，或者说它能反映城市的什么？

祝老星：无论是谁都会去便利店吧，能买到基本生活所需的一切消耗品，麻醉自己的玩具、漫画、杂志等物品。觉得便利店有一种全世界的妈妈，最后的后盾的感觉。在我的家乡，小时候便利店更多的是被叫作“士多铺”，用谷歌搜索了一下发现来源于“store”这个单词。小时候总是去，有很多美好的回忆，感觉便利店能帮很多人留住一些干净的回忆。

知日：在便利店，是否有让你印象深刻的故事？

祝老星：以前在小学门口的便利店，偷过五毛钱的那种黏糊糊的手掌玩具。像溜溜球一样玩的那种，可以甩出去粘在墙上，很好玩。但是因为是偷的，玩的时候总是不能集中注意力。

知日：你对便利店的什么最感兴趣？

祝老星：我觉得最有趣的是观察日本便利店里各种商品的包装，那些包装上的日文和卡通图案都让人想收集下来，各种各样，五颜六色的。在中国，我觉得街边大爷开的便利店卖的廉价玩具很有趣，总能找到让人兴奋的，或者能笑出来的奇怪东西。

老Fin

作家，代表作《且将生活一饮而尽》

知日：你喜欢去哪家便利店？

老Fin：一般是哪家离我近去哪家，距离差不多的情况下喜欢去 7-Eleven，因为之前在加拿大的时候总去这家，先入为主了吧。

知日：你在便利店见到过最意想不到的东西是什么？

老Fin：我这个人惊点比较高，除非说便利店里卖长颈鹿，不然一般不会觉得便利店有什么东西会让我意想不到。只要是生活中用得着的都可以卖啊，便利店嘛，东西越全越好。

知日：你觉得便利店在一座城市中扮演什么样的角色，或者说它能反映城市的什么？

老Fin：便利店反映着一个城市的文明程度，不管夜里多晚，走在街上，看到一家 24 小时的便利店亮着灯，里面是略带倦意的店员，顿时心里就踏实了。哪怕眼下并没有想买的东西，但你知道身后有它在照看，你不孤单。

知日：在便利店，是否有让你印象深刻的故事？

老Fin：在多伦多留学时我曾在便利店打过工，夜班。后半夜会有形形色色的人走进店里，酒鬼、流浪汉、卡车司机、妓女、帮派成员、瘾君子，以及刚刚踏上这片土地还在倒时差的新移民，倒没有什么印象深刻的故事，生活嘛，哪有那么多惊心动魄？便利店的夜班工作让我看到了人间的另一面，完整了我心中对这个世界的印象，这就够了。

知日：你对便利店的什么最感兴趣？

老Fin：我特别喜欢便利店的小玩具，基本上每次去都会买一个，金属的仿真汽车模型，或者是各色塑料小玩偶。它们被我齐齐地摆在柜子里，哪怕过去很久也能清楚地记得是从哪里的便利店带回来的。一个不卖小玩具的便利店是没有人情味儿的，它不知道人们在满足物质需要的同时更需要心理上的慰籍啊。

卓别灵

知名制作人、影评人

知日：你喜欢去哪家便利店？

卓别灵：便利店的话，经常去的肯定是离家最近的，作为超市的一个补充。喜欢连锁便利店，比如 7-Eleven，店面干净明亮，商品质量有保证，服务标准化。

知日：你在便利店见到过最意想不到的东西是什么？

卓别灵：在便利店见到最让我意想不到的东西是一种零脂肪希腊酸奶，很多大型超市都没有，我一般都是在该品牌的微店购买，所以看到了很是惊喜。大概因为便利店旁边有家健身房。

知日：你觉得便利店在一座城市中扮演什么样的角色，或者说它能反映城市的什么？

卓别灵：便利店是个提高生活质量和幸福感的存在，因为便利嘛。

知日：你对便利店的什么最感兴趣？

卓别灵：对便利店的食品最感兴趣，记得以前看过一篇文章，上班族如何在便利店买到低热量又营养全面的食品，把便利店的食品做了精心组合，看着一点儿都不单调。

钟立风

作家、歌手，曾出版《像艳遇一样忧伤》《欲爱歌》《短歌集》《书旅人》《爱情万岁》等音乐专辑、文字作品集

知日：你喜欢去哪家便利店？

钟立风：我好像没有特别对哪家便利店情有独钟呢，因为通常在街上闲荡时，独自一个人或和友人、伴侣，都是在一种没有事先准备的“偶发”状态之下，走到一家最邻近的便利店买下那一刻需要的物品。所以我想，便利店的功能有点像音乐里的“即兴”，是一种突然的、奇妙的契机，但似乎也是冥冥之中，就在某一天某一时刻，你进了某一家便利店买到了你的必需品，有种捡到几个音符的快乐感觉。

知日：你在便利店见到过最意想不到的东西是什么？

钟立风：目前还没有。我希望有机会去日本千叶，在无所事事的闲逛中进入一家有趣的便利店，买下那个我早已中意的物件。因为几年前（当时女友在千叶留学），我曾在歌曲《一个人去千叶》里描述过这个梦幻般场景，但一直没去实现，我希望这一天很快到来。

知日：你觉得，便利店在一座城市中扮演什么样的角色，或者说它能反映城市的什么？

钟立风：便利店，像一曲即兴的音乐，但即兴，不是胡来，而是一种胸有成竹之后的表现。一个真正的高手才敢（有可能）即兴。漫步街道，要是看到一些低调而有档次的便利店，不管进不进去，都是一种愉悦，它的存在表明了这个城市的发展水平和个性。这好比，你并不是特地做了很多准备去音乐厅、剧院听交响乐或看一出戏剧，而是你徜徉街道，突然一曲爵士乐或者民间歌谣在你耳边响起，这正是平凡生活里最需要、最妥当（也许还有意外）的东西。所以一个城市里的便利店，既和普通生活息息相关，又似乎充满着某种梦幻、随性的色彩。

知日：在便利店，是否有让你印象深刻的故事？

钟立风：有一次在上海，雨后，我去某家便利店买清酒，那时没什么客人，店内很安静，听到一位蛮有个性的女店员跟一个人聊天，我听了一下是谈侦探小说。女店员的品味跟我很像，我听到她说到美国的侦探小说家雷蒙德·钱德勒和日本的推理大师江户川乱步。

知日：你对便利店的什么最感兴趣？

钟立风：我希望能在便利店里碰到二手书！如果有的话，那我会很开心的。当然，一切生活所需，普通的、平淡的、意外的、奇妙的，我都很感兴趣。因为我们都生活在琐碎和细节里。对了，我喜欢低度酒，尤其米酒和清酒，尽管我平时很少喝，但看到便利店，都会进去买一瓶放兜里。

驮果子屋

だがしや

在江户时代，用昂贵的白糖做成的点心被称为“上果子”，与之相对，用杂粮、饴糖等做成的点心则被称为“驮果子”。随着日本的工业化发展，出售这种“驮果子”的店越来越多，店里商品的种类也不断增加，口香糖、颗粒糖果、鱿鱼干、麦芽糖，这些都成了深受孩子们喜爱的产品。驮果子屋售卖的零食有的由店主自己制作，有的则是由厂商提供，其中某几种零食总会给人留下深刻印象，成为一代人童年的记忆。驮果子屋与店主的起居室往往只有一墙之隔，店里的商品不仅种类繁多，而且价格又便宜，很多商品还可以抽奖，有着很强的趣味性，所以在放学后，这里往往会成为孩子们的聚集地，而驮果子屋也依着孩子们的作息，从天亮开到天黑。随着食品大厂商与便利店的增多，驮果子屋的数量变得越来越少。偶然路过一家还在营业的驮果子屋，看到门口摆满的零食和玩具，它们是否会让你想起你的童年时光？

万屋

よろずや

万屋中的“万”代表“什么东西都有”，“万屋”则是售卖各种小商品的店铺的总称。在较为偏僻的乡下，因为人口密度低，所以并没有专门出售食品或者日用品的店铺。在这样的环境中，万屋就成了人们生活中必不可少的一部分。万屋面积虽小，但却“五脏俱全”，从生鲜、食品到杂货、文具，你需要的，都能在这里找到，甚至还有一些店开设了代邮寄等服务，所以在日本，万屋也被看作是便利店的前身。随着便利店不断在日本铺开，并从城市延伸到城市郊区与乡下，逐渐替代了万屋，还有很多便利店是在原来万屋的基础上直接改建成的。

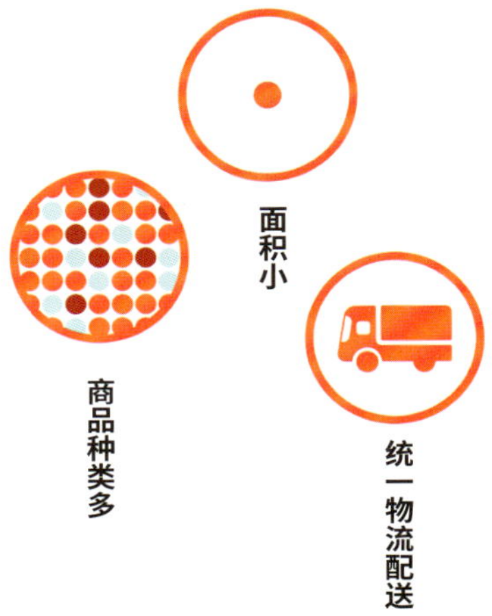

十钱商店

じっせんストア

1926 年，百货店高岛屋在大阪的长堀店设置了“件件十元”的卖场，收到了消费者极佳的反馈。以此为契机，1930 年，高岛屋在难波南海店开设了十钱商店，此后又接连在东京、大阪、京都、名古屋等地开设了多家独立店铺。十钱商店在消费者中广受欢迎，规模不断扩大，甚至在 1940 年成为拥有 100 多家店的连锁品牌。在太平洋战争的影响下，十钱商店基本走向停业，留存的为数不多的店铺在 1952 年重新开业，但已不再是从前的“件件十元”的模式。十钱商店被看作是百元店的前身，百元店均一的价格设置给顾客一种“所有东西都很便宜、划算”的印象，从而唤起他们的购物欲望。1985 年，爱知县开设了日本第一家正式的百元店，店名就叫“百元店”。其后，随着大创等连锁百元店品牌的兴起，百元店逐渐在日本普及。在日本经济萧条时期，百元店数量迅速增加，一些便利店品牌还将百元店与便利店两种形式相结合，吸引了更为广泛的顾客群体。

超市

スーパーマーケット

日本第一家超市的出现并没有比便利店早太多。1953 年，日本第一家超市“纪伊国屋”在东京开业，其后，大荣、伊藤堂、西友这几家超市也相继在日本出现。超市开放式的货架、多种多样的商品吸引了人们前往购物，当时日本繁荣的经济更是进一步推动了超市的普及。便利店被引进日本前夕，正是超市在日本大为流行的时候，所以也有很多人对便利店的形式提出质疑，但最后，便利店却在日本市场大获成功，填补了超市之外的市场空白，日本的零售业由此走向超市与便利店共存的状态。

长时间营业

提供多样服务

365

全年无休

POS机

使用 POS 机进行商品管理

便利店出现前，日本人都去哪里购物？

コンビニが現れる前、日本人はどこで買い物しますか？

西瓜糖 / text

百货商店
デパート

与便利店一样，百货商店这种形式最初也出现在美国。1905 年，出售日本传统服装的三越吴服店在一楼增加了大量与服饰相关的商品，并宣称会将此后的经营方针往美国的百货商店靠拢，这被看作是日本百货商店的开端。明码标价、现金交易、从顾客需求出发、按需销售，这四点创新使百货商店获得了极大成功。最初的百货商店从豪华的装修到精致的商品，给消费者的印象更多的是一种“高级感”。虽然在 20 世纪 80 年代后，因为便利店与大型超市对市场的挤占，日本百货店的数量大幅减少，但百货商店仍然在日本消费文化当中扮演了至关重要的角色。

车站售贩亭
キヨスク（KIOSK）

1932 年，上野站、东京站里出现了 10 个车站售贩亭，主要代销报纸、杂志，同时也出售零食、香烟、食品等。这 10 个店铺均由名为铁道弘济会的公益团体直营，最初的目的是为铁道事故中殉职的职员的家属提供工作岗位。为了给顾客一个统一的印象，1973 年，这些车站售贩亭有了一个可爱的名字——KIOSK。KIOSK 在英语中是小亭子的意思，在日语中意为“干净、便宜”。从 1906 年日本铁道国有化开始，日本国有铁道（Japanese National Railways）的历史一直延续到了 20 世纪 80 年代末。1987 年，日本铁道转为民营，日本国有铁道也因此改名为日本铁道（Japan Railways），并拆分成为 6 个客运铁路公司与 1 个货运铁路公司。在此背景下，KIOSK 也随之被划分到 6 个不同的公司，但几个公司又同时将 KIOSK 的名字沿用了下去。近年来，KIOSK 的收益大不如前，中小车站内的 KIOSK 纷纷撤出，大型车站内，KIOSK 则从多家减为一家。很多 KIOSK 将店铺完全改为便利店的模式，还有一些 KIOSK 则索性与便利店品牌达成协议，将 KIOSK 冠以便利店品牌。

米谷店
べいこくてん

米谷店是以售卖大米等粮食为主的店铺，也被人们称为米屋。因为与农业息息相关，所以从前的米谷店也会出售农具、肥料等农业相关物品，另外，灯油、邮票等也能在这里买到。到了年末，店里还会出售由自家的米制作而成的赁饼、镜饼等。现在，城市里的米谷店也并不少见，很多老牌的米谷店演变为连锁品牌，装修精致的店铺出现在繁华的闹市区，为顾客提供不同种类的大米。以“有机、安心”为主打，加上精美的包装与创新的概念，米谷店又逐渐吸引了新的顾客群体。

酒屋
さかや

酒屋，最开始当然是酿酒、卖酒的店铺。江户时代，酒屋开始逐渐增多，除了酒以外，店里往往还出售味噌、酱油等酿造食品。因为当时从事酿造业的人多是三河这个地方的，所以有很多酒屋都使用了“三河屋”这个商号，也是因为这样，后来大家一提到酒屋，都会以“三河屋”的名字替代。从前并没有小袋包装的酒、味噌、酱油出售，所以店里都会准备一个容器，用来量度出售的量。明治时代以后，饮料、牛奶、调味料等物品也逐渐开始成为三河屋中出售的商品，酒屋也越来越接近便利店的形态。20 世纪 80 年代以后，受到便利店的冲击，酒屋开始大量减少，随着便利店拿到酒类出售许可，酒屋更是失去了自己的关键优势。实际上，我们现在所见的很多便利店就是由酒屋改造而来。

八百屋
やおや

八百屋其实就是果蔬店，这个名字据说是从江户时代“青屋”（あおや）的读音演变而来。八百屋的店主会从各个市场、批发商购入新鲜的蔬菜、水果，再以零售的方式出售给消费者。同时，还有很多店主会以自家出售的蔬菜为原料，制作腌制菜品放在店里售卖。街坊邻里在这里购买每日所需的水果与蔬菜，有时也会与店主唠唠家常，这样的场景中，弥漫的是浓浓的人情味。大型超市与便利店的普及极大地挤压了八百屋的生存空间，特别是生鲜便利店的出现，更是进一步将八百屋推向倒闭与转型。现今八百屋与从前相比已经减少了许多，由八百屋转型成的便利店也不在少数。

几十年间，便利店已在不知不觉中成为日本街头的一道常见风景。
便利店数量剧增要回溯至 20 世纪 90 年代，
此后，便利店市场逐渐趋于饱和，
市场结构划分也越来越明晰。
在此期间，既有新的品牌出现，也有旧的品牌倒闭、被收购，
7-Eleven、全家、罗森，这三个便利店品牌逐渐脱颖而出，
成为日本店铺数量最多、销售额最高、最知名的便利店品牌，
被合称为日本便利店的“三巨头”。
在激烈的竞争中，各个便利店品牌唯有不断地推陈出新，
才能稳固其本有的生存空间。
便利店还是那家便利店，
但却少有人看到在激烈的竞争中，
便利店为推动产品、服务的创新所作的努力。
7-Eleven、全家、罗森，这三个便利店品牌均发展出自己的特点，
不断拓展自己的优势：7-Eleven 在产品与服务方面不断创新，
罗森不断创造出自己的新文化，全家不断缩短着与大众间的距离……
回顾它们的发展史，也像是回顾了一遍日本便利店的发展史。

7-ELEVEN：书写便利店的传奇

セブン-イレブン：コンビニ伝奇を書く

西瓜糖 / text
崔航宇 / photo

二战后，日本国民生产总值以每年 10% 的速度飞速增长，
国民消费水平也随之不断提升，经济呈现出一片欣欣向荣的景象。
在此背景下，20 世纪 70 年代初期，大型超市席卷全国，
不断开设的新店铺吸引了大量消费者，而小商铺却逐渐被推向市场的边缘。
1971 年，担任伊藤洋华堂董事的铃木敏文随公司到美国参加研修学习，
与美国 7-Eleven 便利店相遇。
这个连锁品牌的便利店的空间虽小，
但商品却涵盖从食物到生活杂物的众多领域，
并且竟已在美国坐拥 4 000 多家连锁店。
铃木敏文敏锐地察觉到这种形式的店铺在日本的发展前景，
经过与美国南方公司的谈判，在 1973 年 11 月 30 日与其正式签下特许加盟协议。
日本的第一家 7-Eleven 便利店“7-Eleven 丰洲店”于 1974 年 5 月 15 日正式开业，
店主名为山本宪司，他将从父亲那里继承的酒坊改装成为这家便利店。

a.

7-Eleven 便利店门口
人来人往

7-ELEVEN

7-Eleven 的名字来源于它的营业时间设定：从早上 7 点营业到晚上 11 点，营业时长比起普通的商店延长了许多，而这也恰好迎合了当时日本社会的需要：对于走出战后贫穷的日本人来说，最缺乏的不再是金钱，而是时间。1975 年 6 月，从位于福岛县郡山市的虎丸店开始，24 小时营业的制度开始在 7-Eleven 普及，“有 7-Eleven 真好”“全年无休真方便”，这些广告词随之深入人心。1976 年 5 月，在第一家店开业仅两年后，7-Eleven 的店铺就突破了 100 家。

便利店食物的沿革

便利店在日本发展初期，最大的特色莫过于为顾客提供新鲜的食品了，很多人都将其看作是“家门口的冰箱”。早在 1975 年，7-Eleven 就开始出售新鲜点心与面包，紧接着又在 1976 年推出便当。为了保证每一天的货源供应，7-Eleven 与山崎面包签约，保证了就算是在正月假期里，7-Eleven 的面包货架上也能摆放新鲜面包。而在此之前，还没有哪一家厂商开过正月生产的先例。继点心、面包与便当之后，7-Eleven 又陆续推出各类新产品，从关东煮到饭团、三明治，这些食品的推出也从侧面反映出日本人的生活状态。

7-Eleven 是最早推出饭团的便利店品牌。售卖饭团的想法在最开始被提出时就受到了众多人的质疑：“自己在家就能做出来的东西，为什么要去外面买？”可是却很少有人发现，这时日本社会已悄然发生改变。经济的高速发展提高了日本人的消费水平，同时也压缩了他们的时间，越来越忙碌的他们不再有时间在家做饭，开始更多地选择在外面购买食物。在这样的背景下，1978 年，当饭团被正式摆到 7-Eleven 的货架上之后，竟意外地成为了 7-Eleven 的畅销品。

为了将便利店售卖的饭团与自家做的饭团区分开来，7-Eleven 选择了口感更为脆爽的紫菜来包裹饭团，而对消费者来说，这样充满新鲜感的口味也不断地鼓励着他们去购买、去尝试。此后，7-Eleven 货架上的饭团品种也不断增加与更新，从 1983 年推出的海鲜鸡肉蛋黄酱饭团（シーチキンマヨネーズおにぎり）、1995 年推出的直卷饭团（直巻おむすび）、1996 年推出的用蒸笼蒸的红小豆糯米饭团（赤飯おこわおむすび），到 2014 年推出的黄金饭团（金のおむすび），都成为了 7-Eleven 货架上必不可少的一类产品。

7-Eleven 推出关东煮是在 1977 年，比饭团推出的时间早一年。那时候，新宿、新桥的车站前经常会有人推着小摊售卖关东煮，很多忙碌了一天的公司职员在下班后会在这里来一份关东煮。“这或许就是日本人的‘乡愁的味道’吧”，铃木敏文在接受采访时这样说道。7-Eleven 推出关东煮的时间无疑也契合了当时的社会需要，而这种日本特色的食物也正随着便利店在全世界的普及被传递到其他国家。

与关东煮相反，墨西哥卷饼则是 7-Eleven 从国外引进到日本的食物，1983 年在 7-Eleven 推出。玉米面制作的外皮包裹着各式各样的配料，这样的食物在当时的日本并不常见，因此吸引了很多人迫不及待地去到便利店尝鲜。墨西哥卷饼就这样通过便利店走进了日本人的生活。

随着人们就餐方式的多样化，日本逐渐出现了“内食”“中食”“外食”这三个用来区分不同就餐方式的词。“内食”是指在自己家做饭，“中食”是指带回食物在家吃，“外食”则是指在外面的饭店、餐馆等地就餐。其中，便利店的发展与“中食”这个词语的出现有着不可分割的关系。“中食”这个词出现在 20 世纪 80 年代，伴随着日本职业女性的增长。工作忙碌的她们腾不出时间在家做饭，由于经济条件的限制，又无法每天在饭店消费，于是在便利店买便宜、方便的食物带回家吃就成为了更多人的选择。

食物研发与配送

1979 年，在铃木敏文的提议下，NDF（Nihon Delica Foods Association，日本鲜食联合会）组织成立。这在当时绝对算得上零售行业的创举。在 NDF 成立之前，消费市场就已从卖方市场转为买方市场，但产品的生产方式却并没有太大

7-Eleven 新品食物的推出

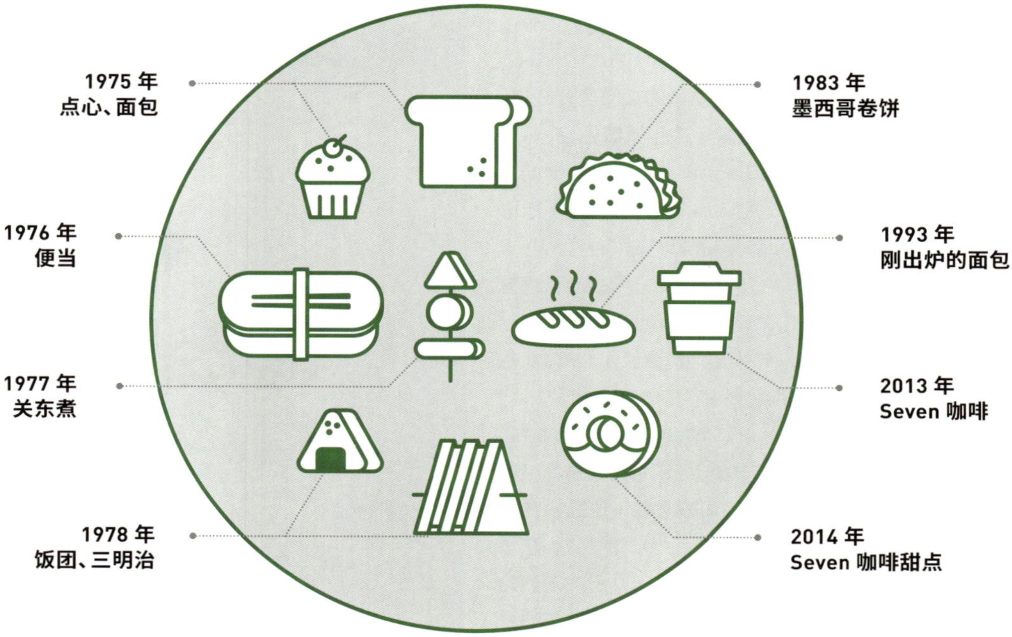

变化，仍是由各个厂商各自负责自己的商品，提供给卖场。NDF 改变了传统的生产方式，它汇聚了多家生产厂商，而这些厂商都只为 7-Eleven 制造产品。NDF 的这种形式在产品研发等方面有着极大的优势，因为不管是产品总部的研发负责人，还是 NDF 的成员与厂商，所有人的目标都是一致的，都是为了制造出令顾客满意的产品，与此同时，组织成员还能够在其中发挥自己的专长。另外，不管是原材料购买还是品质管理上，组织内都能执行统一标准，这也为产品的质量与卫生提供了保障。

从 1974 年在东京开设第一家店铺起，几十年间 7-Eleven 便利店不断在日本铺开，但新的问题也随之产生。从前，所有的产品开发都秉承着“新的口味”或者“在东京流行”的理念，从东京推往各地。但实际上，不同地区的人却有着不同的口味。7-Eleven 最初在大阪开店时，很多当地人都无法适应店里食物的口味。相对东京人来说，关西人没有那么喜欢有甜味的食物，而大阪便利店中的食物却还是依照东京人的口味来制作，这当然无法博得当地人的好感。于是 7-Eleven 成立西日本项目组，通过实地调查，重新进行产品开发。在这之后，大阪 7-Eleven 便利店中售卖的食物将猪肉改为了牛肉，荞麦面也开始使用充满关西风味的海带汤汁制作……受到西日本项目组获得成功的鼓励，从 2015 年 1 月起，7-Eleven 将全国分为 9 个区域，分别成立项目组进行产品开发，具有当地特色的食物也开始出现在各个地区的 7-Eleven 便利店货架上。

因为便利店的产品由多家不同的厂商提供，所以在最初，不同厂商的产品也由各厂商分开配送。但便利店的商品却是以种类多、库存量少为特点。对于便利店“少量多次”的采购方式来说，分开配送的物流方式无疑拉低了整个配送效率。在 7-Eleven 创业前期，每天到店里送货的车辆多达 70 台。直到 20 世纪 80 年代，生产厂家、供应商与 7-Eleven 总部合作，共同展开了一场“物流革命”，开始“共同配送”，这才从根本上解决了问题。1980 年，7-Eleven 从牛奶开始，首次实现共同配送，其后这个配送体系又不断被完善。根据产品的不同特性，7-Eleven 将产品分为了冷冻型、微冷型、恒温型、暖温型 4 个温度段来进行管理。到现在，为 7-Eleven 送货的车辆从平均每天 70 辆减到了每天 9 辆。

7-Eleven 共同配送的革新

1980 年 …… 牛奶共同配送

1987 年 …… 一天三次饭食（便当、饭团等）共同配送

1988 年 …… 饭食运输 20℃ 集中管理

20°C

1993 年 …… 微冷型食品一天三次配送

7-Eleven 温度段管理与配送

暖温型（20°C）…… 便当、饭团、烤面包等，一天三次

微冷型（5°C）…… 沙拉、面类、牛奶、乳饮料等，一天三次

冷冻型（-20°C）…… 冷冻食品、冰激凌等，一周三到七次

恒温型 …… 软饮料、杯面、杂货、酒等，一周七次

其他 …… 杂志，一周六次

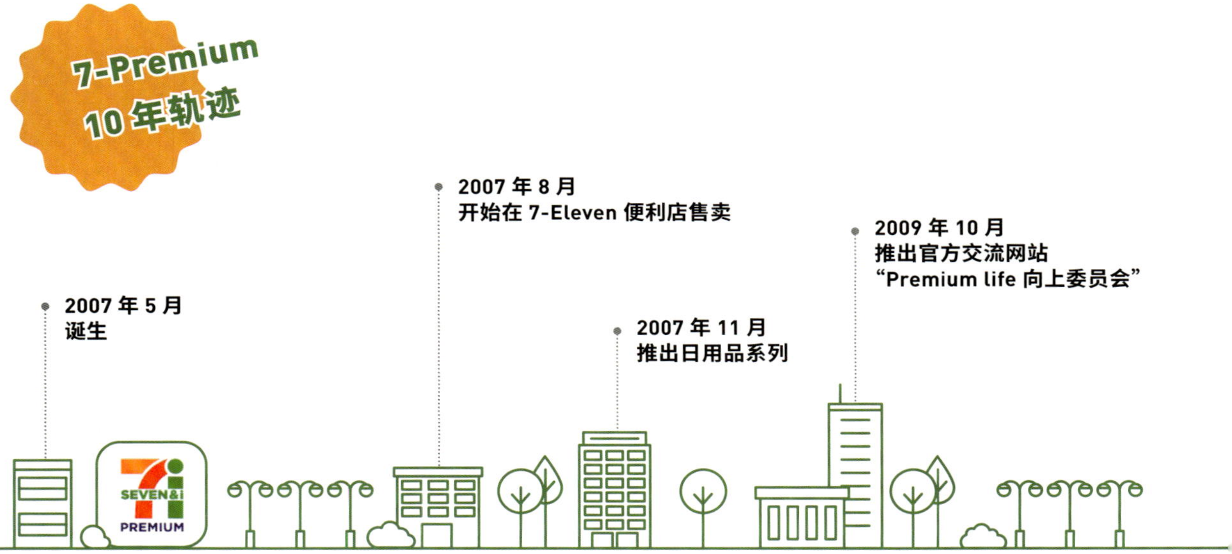

自有品牌的推出

便利店在日本出现后，长时间以来，它都被称为“深夜店”或者“男性的店”，从前大家一说到便利店，想到的就是“香烟、饭团、可乐”这三样东西。但随着日本社会人群结构与人们生活方式的变化，便利店的商品也不断更新，便利店的目标消费人群与产品结构也随之变化。从7-Eleven的统计数据来看，便利店的主要消费人群逐渐从年轻人转向中老年，女性消费者比例也不断增加。从前消费者都是在这里购买饭团、便当等马上就能吃的食物，而现在，炖菜、烤鱼、汉堡，这些出现在餐桌上的食物也出现在7-Eleven的货架上。

2000年左右，日本便利店的数量已经超过三万家，业界竞争激烈，便利店营业额也难以突破，“便利店市场饱和”的说法开始出现。但实际上，当时日本便利店的消费人群却仍以男性为主，女性市场并未被打开。不管是日本社会少子化、老龄化现象的加深还是事业女性的增多，都说明了拓展这一市场的必要性。

“日本便利店饱和”的现象一直延续到2006年，IY集团转为7&I控股集团，推出名为“7-Premium”的自有品牌。除了7-Eleven便利店，7&I还包括了伊藤洋华堂等大型超市，7-Premium的商品也同时也出现在了它们的货架上。与从前便利店主要出售食物不同，除了食物以外，“7-Premium Lifestyle”品牌还增加了洗衣液、洁厕液等生活用品，商品种类远比之前更多样化。这些新商品的推出也曾受到质疑，但7-Premium在推出后销售量不断攀升，到2016年，已经推出175种产品，销售额超过10亿日元。

2010年，7-Eleven又推出7-Gold系列，如果说7-Premium系列产品的特点是“高性价比”的话，那么7-Gold系列产品的特点则是“专卖店的专业味道”。像7-Gold系列推出的牛排、咖喱鸡肉等产品，如果自己在家做需要耗费大量的时间与精力，且不能保证味道。7-Gold在推出后同样成为热门系列，它给消费者传达的观念是“这是只有在7-Eleven才能买到的高品质商品”，转变了消费者过去抱有的便利店就是卖“廉价产品”的地方的看法。

“单品管理”与订货

便利店最大的特色之一是丰富的产品品种，货架上齐全的货物品种更是便利店吸引消费者的保证。创业初期，7-Eleven仅仅依靠电话进行订货，货品的管理也全都是由人工进行。随着店铺的不断增多，这种订货方式与货品管理方式越来越难以跟上7-Eleven便利店的发展。于是将7-Eleven引进日本的铃木敏文开始策划创建7-Eleven自己的信息系统。

1978年，订货终端机开始被导入到7-Eleven的店铺中，这使得7-Eleven的订货方式被完全改变，仅仅依靠终端机来读取货品的条形码就能完成订货，订货效率也得到了极大的提高。

1982 年，7-Eleven 首次在日本便利店中引进 POS 系统（point of sales，销售时点数据管理系统），以统计每个单品在每个时段的销售量。“单品管理”的概念也随着 POS 系统被普及。便利店从业者以 POS 系统每天结算所提供的数据为基础，判断每个产品第二天的订货量，订货的精确度被极大地提高。值得一提的是，1991 年，铃木敏文接手美国南方公司 7-Eleven 便利店的管理，而“单品管理”的概念同样是 7-Eleven 在美国起死回生的重要保证。

SEVEN 银行的设立与 ATM 的普及

1987 年，7-Eleven 曾在便利店首推代收水费、电费等公共事业服务，为消费者带去了极大的便利。2001 年，IY BANK（在 2005 年更名为 SEVEN 银行）设立，ATM 开始在 7-Eleven 便利店中普及。当时，日本的银行在工作日只营业到下午三点，并且工作日与周末还有着不同的收费标准，置放在 24 小时营业的便利店中的 ATM 无疑为众人提供了极大的便利。越来越多的顾客开始选择使用 7-Eleven 的 ATM，而 ATM 的设置也使得 7-Eleven 的销售额有了一定程度上的提升。

“近距离的便利”

日本的少子化、老龄化现象也影响到购物方式。在自治团体的财政越来越艰难、个人商店不断减少的背景下，对独居的老年人来说，就算是一个人出门购物这种平常的事也变得艰难起来。2009 年，7-Eleven 的核心理念改为“近距离的便利”，这无疑也是紧跟时代的步伐。早在 2000 年，7-Eleven 就曾推出“Seven Meal”的送餐服务，后又在 2011 年 5 月首次在茨城县推出“Seven 安心送货服务”，这为行动不便的老年人、新生儿的母亲等“购物弱势群体”提供了极大的方便。“Seven 安心送货服务”使用的轻型货车就像是一家移动便利店，所送的货物都有着统一的温度段管理：三明治是保持在 5 °C、热饮保持在 60 °C、冰激凌保持在 -20 °C……

到 2012 年，7-Eleven 又推出了“Seven 轻松送服务”，与“Seven 安心送货服务”的移动零售方式不同，“Seven 轻松送服务”则是类似于快递的送货服务。在送货过程中，“Seven 轻松送服务”使用的都是名为“komura”的电动汽车。汽车生产厂商丰田声明，这样的汽车在行驶时不会产生二氧化碳，在当时的日本社会引起了广泛讨论。

在日本经济高速增长期，24 小时不间断地为繁忙的大众提供服务；在经济低靡期，售卖各种高性价比的产品；在少子化、老龄化现象加深时，提供各种便利服务……在大众已经习以为常的便利店风景之下，却悄然地发生着各种变化与更新。作为日本现今规模最大的便利店连锁品牌，7-Eleven 已成为日本人生活中不可或缺的一部分，而它的故事今天也仍在继续。

全家：有你才有全家

ファミリーマート：あなたと、ファミリーマート

桑禾 / text
戴远迪 / photo

1973 年，日本零售商业巨头西友在埼玉县狭山市内开了第一家实验性质的便利店，
三年后，西友将其命名为“FamilyMart”（全家），组建了西友全家事业部，
到了 1978 年，全家在船桥市有了自己的第一家加盟店，
1981 年，西友出资，全家开始独立。
全家创立于日本经济最辉煌的时代，却是在日本经济泡沫崩塌后一点点成长起来的，
在 20 世纪 90 年代后期，成为了继 7-Eleven、罗森之后，日本的第三大便利店巨头。

a.
深夜的全家便利店
灯火通明

FamilyMart

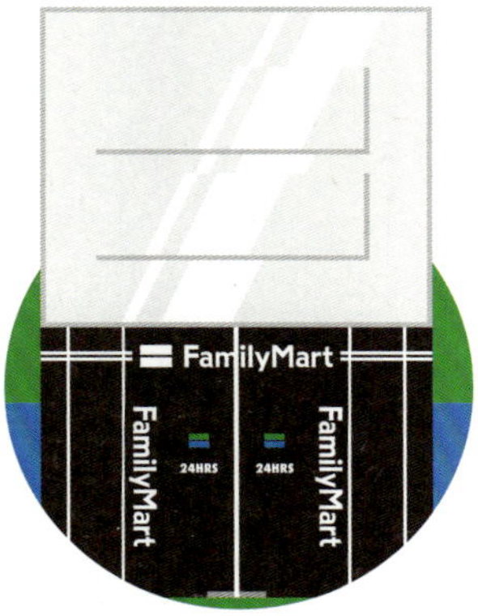

诞生与成长

之所以命名为全家，是希望来店光顾的人可以在这里感受到如家一样的亲切，也希望无论是直营店还是加盟店，也可以如现实中的大家庭一样共同发展。在第一家加盟店开业的同时，它也成了全家第一家 24 小时营业、全年无休的店铺，受此启发，全家在那一年推出了自己的标志，并非是现在的蓝绿配色，当时的配色是红配黄，红色代表红彤彤的太阳，黄色代表闪烁的月亮，它们就像全家当时的店铺吉祥物一般，太阳和月亮搭配在一块，象征着一天的 24 小时，这个标志后来还贴心地印在了店员制服的胸前。全家是继 7-Eleven 之后，第二个在日本飞速发展的便利店品牌，在其开始独立经营的 1981 年，全家在日本的店铺达到 100 家，1985 年达到 500 家，1987 年达到 1 000 家，之后成倍增长，到了 2013 年达到了 10 000 家，在此期间还分别在中国、泰国、美国、印度尼西亚和菲律宾拓展了分部。在 2014 年，全家甚至一度超越罗森，成为了日本第二大便利店巨头。现在所能看到的全家的标志，是基于 1991 年在全家创立 10 周年所提出的“Go Growwing”（去成长）概念而做的全新设计，以共同发展为目标，全家在其中融入了与社会、环境和自然共生的角度。在设计中，他们运用了最能让人感到亲切的绿色和蓝色，蓝色象征了社会性、知性、希望和自由，而绿色则代表了自然和纯净，以及一种生机勃勃的清新感，而两者的组合，寓意着“舒适的环境”。标志从 1992 年更换后，一直延用至今。

在 2017 年的调查数据中，日本全国主要的便利店一共有 56 222 家，其中全家就有 18 195 家门店，仅次于 7-Eleven 的 19 166 家，位居第二。日本是便利店大国，在东京，平均每 2 380 人享有一家便利店，无论是在高大的写字楼下，还是街道的拐角和喧闹的商店街，便利店的身影无处不在。它们服务一流，平均一家便利店贩卖的商品多达 2 500 种，在小到三十余平方米的空间里，不用说日常用品和食品，甚至连老花眼镜都能买到，其便利程度让人惊叹。而在这样的便利后面，是便利店企业激烈的竞争。进入 21 世纪后，日本的便利店越来越接近饱和的状态，在营业额不断攀升的同时，店铺数也在疯狂增长。全家在对店铺扩张的运营上，完全区别于仅仅与加盟的店主签订加盟合同，而是会和当地的相关中坚企业合作，以合并的模式，对全家门店进行统一运营。他们的第一次实验，就是 1985 年与爱知县名古屋市的公司综合酒贩中心合并组成了中部全家公司，在缔结合同之后，才着手进行横跨爱知县、岐阜县和三重县的东海三县店铺扩展。在这之后，全家依靠这个模式又陆续成立了冲绳全家公司，统筹长崎县和佐贺县的松早全家公司，以及北陆全家、南九州全家和北海道全家公司，以此实现了对日本全国的覆盖。这样的做法可以最高效地保证全家店铺的运营质量，同时也降低了风险。

正如“便利店”这个通俗易懂的叫法，它履行的职责是最大限度地给人提供便利，作为一种服务，它很大程度依赖于顾客的需求。杂志 *an · an* 几乎每年都会做一个关于便利店的调查，在有关对便利店的一次性消费中，90% 的人都选择了购买 1 000 日元（约 60 元人民币）以下的商品，这就意味着大部分人所购买的东西中都是便当、饭团、饮料和点心等食品。这样的数据在数十年来未曾有多大的改变，全家在独立之后主要的商品都是简单便捷的食物，1981 年主打速冻食品，第二年主打便当等自己开发的速食，之后种类开始越来越多，从拉面到速食火锅，再到新鲜的寿司、饭团等。到了 1987 年，全家自己生产的食品就有 9 种，到了 20 世纪 90 年代，全家开始自己生产熟食、点心及饮料等，食物的生产进一步扩大。仅靠食物当然不能支撑起一家便利店，除了最初说到的 2 500 种商品，随着便利店竞争的不断加剧，每一家便利店提供的服务变得越来越杂，包括取款、邮寄包裹、缴纳水电气费和保险费、打印文件和照证件照等。全家在 1985 年就有了邮寄件服务，1988 年开始贩卖 JR 的交通票，1990 年开始能够缴纳各种水电气费，之后便有了包括考驾照预约、取款等各种服务。时至今日，全家所提供的服务包括预约和购买各种演唱会、音乐会、电影、棒球赛等的票券，各银行卡的取汇款和外币兑换的服务，照证件照、复印文件、洗衣、送货、邮寄，以及代缴各类考试和保险的费用等。

为了刺激消费，各大便利店企业除了拓展服务和提供人们所需的商品货物，还开始推出自己的期间限定商品和周边。日本有着发达的电话订购产业。因为日本有吃惠方卷招好运的习俗，在节日到来前便利店就会推出相关的预订，除此之外，还有圣诞节的蛋糕和火鸡、岁末的新年料理等，全家也会适时推出相关的订购服务，而这些都是由全家自己生产的。

全家每次进行特推的商品都会有十分有意思的摆放和标语，在日本 NAVER 网站上搜索“全家”，最多的信息便是全家日常出其不意的特推商品，就拿卡乐比的薯条来说，在东京的一家全家里，就放着用包装盒堆起的数米高的三角塔，不然就是店中贴满了卡乐比薯条名称的标签，还有一家

全国主要的便利店品牌店铺数排名（2017 年）

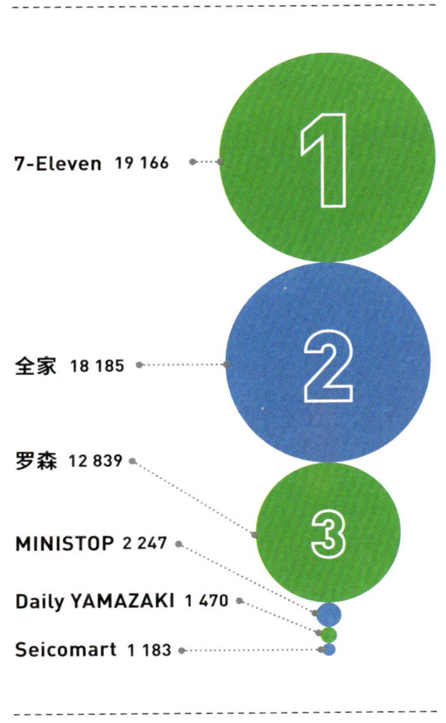

b.

全家便利店的货架

在便利店消费一次会花费多少钱

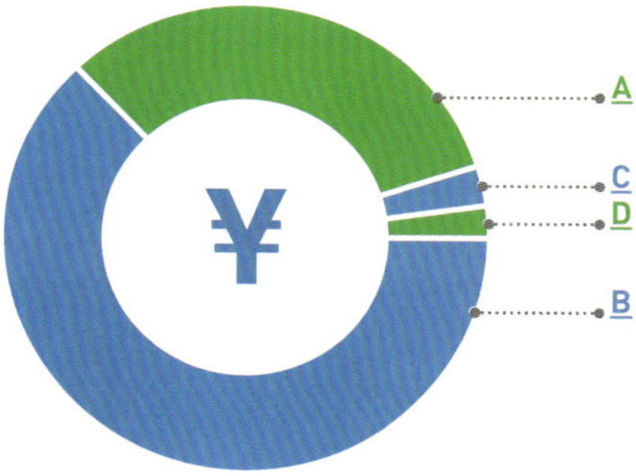

A	32%	B	63%
不满 500 日元		500 ～ 1 000 日元	
C	3%	D	2%
1 000 ～ 2 000 日元		2 000 ～ 3 000 日元	

有 90% 的人会购买 1 000 日元不到的东西。

食品、咖啡等饮料、甜点是大多数人会购买的东西，这些一般都 1 000 日元内就可以解决。

店把它叫作“大人和小朋友可以一起吃的零食”。曾经有一个博主在网上晒出了一家全家门口的看板，上面用粉笔写着“我的长女今天两岁了”，博主说，一条街大概都被萌化了。用便利店的价格，提供专业的美味，这是所有便利店的宗旨，所以越来越多的便利店推出“一百元产品”，7-Eleven 的自助咖啡便是如此。全家的一杯美式咖啡税后是 150 日元（约 9 元人民币），但在选材上，一直坚信咖啡的美味与生豆品质有莫大关联的全家一直都在使用新鲜的危地马拉产混合咖啡豆，而且会根据咖啡的不同，来选用不同的咖啡豆。为了保证可以将咖啡豆最香醇的味道释放出来，还会根据咖啡豆品类的不同进行焙煎，之后再将豆子混合。

改变与重生

2015 年，全家宣布将与同为日本便利店品牌的 UNY 控股集团联合，新闻一出就成了业界焦点。UNY 控股集团隶属日本便利店连锁企业 Circle K Sunkus（CKS），其在日本的市场份额一样不容小觑。2016 年 9 月，全家与 UNY 控股集团正式联合，并组建了一个新的公司 UNY FamilyMart，而 UNY 所有的便利店需要一律换成全家的品牌。在合并之后，全家

在东京、大阪、爱知等日本 15 个都府县持有最多的便利店门店，其在国内的店铺数和营业额，也因为合并成为日本第二。到了 2019 年，CKS 所拥有的 6 200 家店，将会有 1 000 家关闭，剩下的 5 200 家门店全都会统一换成全家，这一系列的举措给日本业界带来了不小的改变。

而在商品上，全家开始将目光投到了“中食”的开发上。近年来，独居的单身者与习惯“一人食”的人不断增加，全家针对这一类人群，贴心地推出了特殊的全家餐，其中各种简易的熟食、下酒菜一应俱全，品类繁多且一人吃也刚刚好，这样的套餐一经推出就大受欢迎。上至独居的中老年人，下至年轻的上班族、学生党，全家无疑扩大了受众层。事实上，全家在 2014 年就开始着手于“中食”的整改。

“不仅仅是通过美味而赢得更多顾客，还希望让他们感到这里有家的味道。”在整改上，全家的品质管理部长本多利范如是说。事实上，无论是外食、中食，还是内食，全国餐饮业共计 70 兆日元的市场争夺激烈程度正逐年攀升，而便利店能在其中分到的羹本就不多，随着竞争的加剧，自身的应对变得至关重要。为此，全家制订了从食品开发，到商店运营模式，再到加工厂的一系列整顿计划。为了能提供更加可口的食物，全家将所有的食品加工都进行了更加细致的分工，比如一个炸猪排，原材料提供地和加工厂分属两个地方，为了能让客人即时吃到热腾腾的饭菜，对炸物的烹制和菜色的搭配都会在“流动性工厂”（全家开发的可随时更换地区的加工点）进行，这样就能保证可以最快送货上架。“热腾腾的饭菜，多少都会让人想起自家的饭菜，这样一来大家都会觉得可口。”另外，门店内会进行中食的搭配促销，将便当和小菜等搭配销售，大家可以自行搭配选购，搭配越多折扣越多，这样的模式能让大家吃到比单一便当更丰盛的菜肴，于是越来越多的客人说全家的套餐最好吃，就这样一传十，十传百，光顾全家购买套餐的人就多了起来。久而久之，除了便当之外，三明治、拉面等便当替代品的销量也变得好了起来。

同时还有对饭团风味的改良。首先是米饭，为了让米饭颗粒饱满，全家在加工米饭时，不会将洗好的生米直接倒入电饭煲，而是在洗完米后将水分彻底剔除，因为洗完的米上都带有水分，这些多余的水分，会让饭的口感变软。而在紫菜上，为了让其即使在裹上饭后依然带有本身的松脆，全家在烤制上下足了功夫，在紫菜的湿度和脆度上取得平衡，同时还改良了包装步骤。在饭团馅上，全家在烹饪手法上进行了改良。比如鲑鱼，全家将本来利用烤箱烤制改为了直接烘烤，也不完全剁碎，这样就能充分保留鲑鱼本来的口感。另外，在不同的季节，也会搭配梅子或是海带，让饭团变得更有风味。

有数据显示，近来在这几大巨头中，全家的熟食商品营业额一直不断攀升。专注于便利店调查研究的杂志《月刊便利店》主编说，这也不仅仅是套餐本身的美味所带来的结果。全家的店面在近年来有了显著的变化，那就是扩大了公共休息区域，因地制宜，有些全家便利店的休息区甚至可以当作咖啡馆使用。另外，全家积极与其他品类的企业门店进行合作，比如说药妆店，尤其受老龄化的影响，同时兼具了药店和便利店功能的全家更受欢迎。2016 年起，顾客甚至可以在全家任意门店订购或直接购买无印良品的商品。

同时，为了鼓励加盟全家，全家在加盟政策上增加了许多支援措施。比如，若是整个家庭共同加盟，就免除加盟费 100 万日元，这在一定程度上减少了在加盟时对方所需要承担的费用。还有特别的“老年支援”制度，正常的合同年限是 10 年，但如果对方在 61 岁以上，便会将年限降为 5 年，甚至还有门店食品废弃损失费的补贴，店内水电费的报销等，另外还有“实习社员独立制度”等，这些都让加盟变得轻松不少。

另一方面，为了应对日本本国市场的饱和，各大便利店连锁巨头开始向海外拓展。事实上全家早在上世纪 80 年代，就开始了自己的海外拓展业务。1988 年，全家股份有限公司在中国台湾创立，这是全家海外拓展的第一步。全家仅用了 4 年时间，就将在台湾的门店扩大到 1 000 家，紧随其后的便是中国大陆、美国、韩国和东南亚。据官方公布的数据，截至 2016 年，全家在全世界 8 个国家和地区一共拥有 24 379 家门店，在海外门店中中国台湾占了其中的 51%，中国大陆占 26%，泰国占 19%，其他 4%。“构建 10 000 家日式便利店”，这是全家给 2020 年定下的目标。所谓的“日式便

各大便利店巨头在海外的店铺数

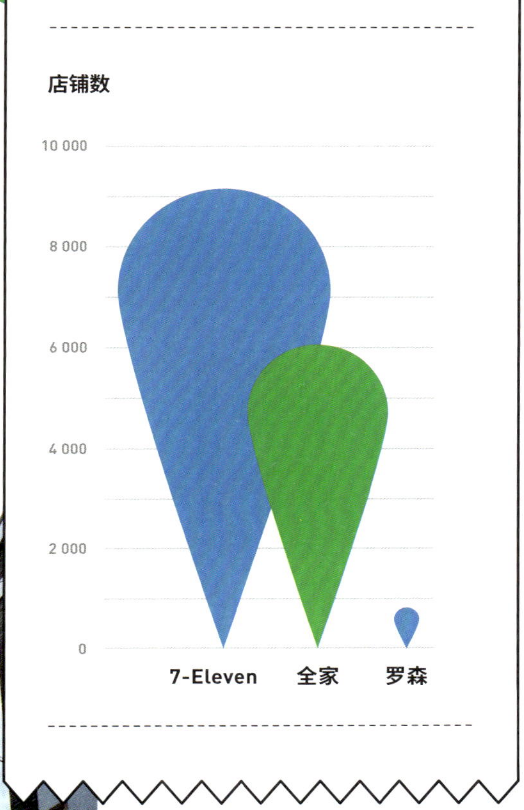

全家在海外的店铺数和各地区所占比例

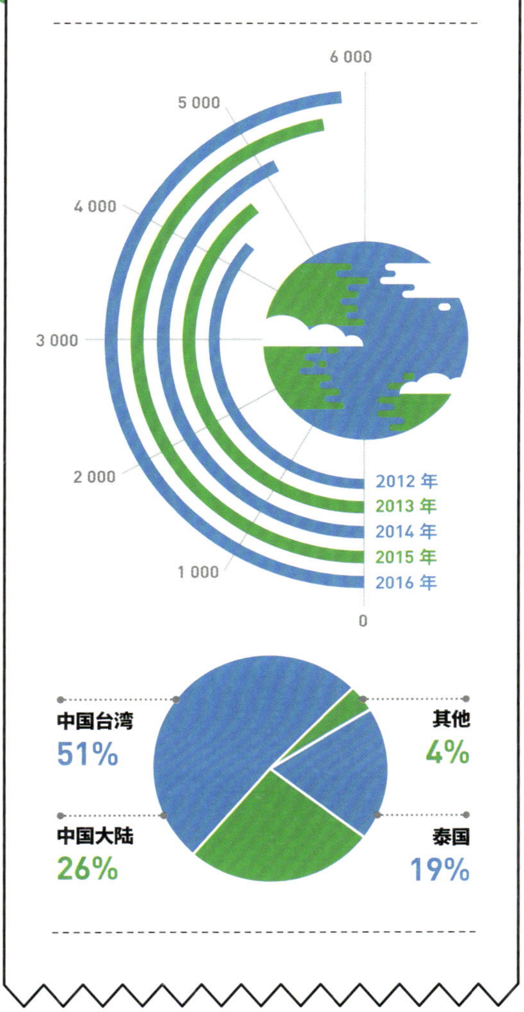

C.
街头的全家便利店

利店”，就是将店铺的核心竞争力放到中食和速食产品，以及相关的配套服务上。事实上，日本便利店连锁巨头在海外的便利店，大多都是以无差别化的加工食品和杂货为主，而全家的目标，就是在深耕海外市场的同时进行差别化经营。

在便利店巨头都在向海外拓展的同时，整体的拓展速度却在逐年递减，全家也不例外。此外，并购了 UNY 的全家虽然在店铺数上有了巨大的提升，但是根据市场数据的反馈，到 2021 年 2 月，全家的店铺数和 2017 年的 18 195 家相比并不会有太大差距。而在向海外拓展方面，也有人担心，日本便利店所承袭的服务精神和传统，在海外并不一定能得到很好的延续，同时不同国家的文化和接纳程度，以及为此需要完善的经营，无论是对于全家还是其他便利店品牌，都是一个挑战。

a.
罗森店铺

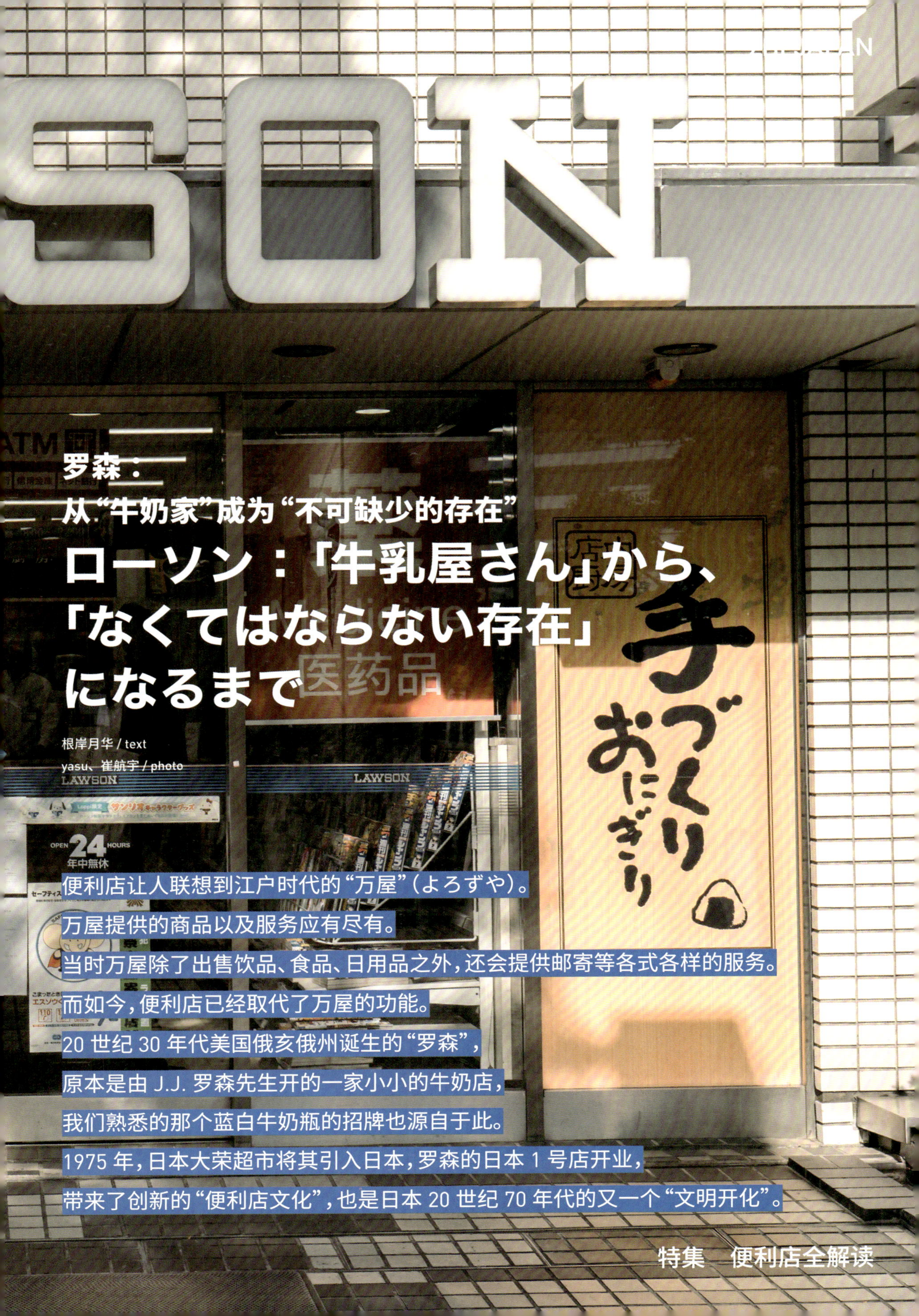

罗森：从“牛奶家”成为“不可缺少的存在”

ローソン：「牛乳屋さん」から、「なくてはならない存在」になるまで

根岸月华 / text

yasu、崔航宇 / photo

便利店让人联想到江户时代的“万屋”（よろずや）。
万屋提供的商品以及服务应有尽有。
当时万屋除了出售饮品、食品、日用品之外，还会提供邮寄等各式各样的服务。
而如今，便利店已经取代了万屋的功能。
20 世纪 30 年代美国俄亥俄州诞生的“罗森”，
原本是由 J.J. 罗森先生开的一家小小的牛奶店，
我们熟悉的那个蓝白牛奶瓶的招牌也源自于此。
1975 年，日本大荣超市将其引入日本，罗森的日本 1 号店开业，
带来了创新的“便利店文化”，也是日本 20 世纪 70 年代的又一个“文明开化”。

LAWSON

罗森的“4 个历程”

从 1975 年开店到 2000 年，这段时间对罗森来说算是成型阶段。在这个过程中，它的各种基本功能逐渐完善：1977 年开始 24 小时营业；1979 年开始销售热食；1981 年开始预售电影票；1982 年开始接受包裹寄送；1983 年开始复印服务；1989 年提供缴纳公用事业费的服务；1998 年开始设置多媒体终端机。尽管现在看起来，这些功能都是便利店理所应当的、最基本的服务，但实际上这些功能的完善却花费了 25 年左右的时间。

2000 年后，罗森的功能定位升级，开始向“小商圈型制造零售业”进化。随着日本社会老龄化、女性就职等现象的普遍，日本的社会、家庭结构也发生了变化。罗森也随着社会的变迁，开设了新的店铺品牌。健康指向型便利店“自然罗森”（ナチュラルローソン），应对日本社会的保健需求，提供有益于身体的有机产品；生鲜便利店“罗森 100”（ローソンストア 100），针对不同经济条件的消费者与家庭，提供均价 100 日元的生鲜产品。这些品牌满足了各个消费阶层的需求，并且稳定了罗森在行业中创新领导者的位置。另外，在 2000 年，罗森在东京证券交易所上市。

21 世纪 10 年代对日本社会与罗森来说都是一个极为重要的转折点。2011 年的东日本大地震，正是转折的主要原因。地震导致受灾地区的生产、物流停滞，许多罗森门店

b & c.
罗森总部

b.

c.

遭到破坏无法正常营业，更有大量店铺内出现了严重缺货的情况。在这种情况下，罗森及时修复受损店铺并恢复营业，从北海道和关西等地区征调物资供应受灾地区，并与日本自卫队和航空公司协作通过飞机运送物资。在很多地区的大型购物场所仍然“闭门谢客”的情况下，人们只有在附近的便利店才能获得需要的物资。这使便利店在日本人眼中成为了“仅次于水、电、燃气的第四个生活基础设施”。与此同时，罗森也更深刻地感受到了自身作为“居民生活中不可缺少的存在”的使命感。

关注需求

糖尿病、高血压、高血糖、高血脂等，这些疾病被统称为“生活习惯病”。2000 年后，日本国内逐渐加深了对此的认识，“生活习惯病”也逐渐成为日本社会中的一个重要话题。2006 年，内脏脂肪症候群（メタボ）被选为日本流行语大奖的候选词，2010 年左右起，欧美各国开始流行有益于健康的饮食，日本人也再一次意识到“注重健康生活”的重要性。罗森很早就开始关注这个“健康趋势”，早在 2001 年就推出

d.

d.
罗森在1979年开始销售油炸食品，成为业内首创。1986年，罗森推出以“一口就能吃下”为主打概念的“炸鸡块君”。为了让产品更贴近年轻的目标消费人群，罗森在产品的名字中加入了一个“君”字，让产品名字变得生动又可爱。“炸鸡块君”一经推出就大受欢迎，成为罗森多年来的畅销商品，而这个“炸鸡块君”的卡通形象也成为了罗森的标志之一。

e.
与国内一样，无人值守货架在日本也越来越普及。罗森推出的Petit Lawson（小罗森）约提供50多个品种的零食，消费者可以通过刷卡来进行支付。

f.
罗森酒类货架

g.
罗森的零食货架

自然罗森的1号店，到2017年，罗森推出的主打健康的商品销售额已达到3 000亿日元。

日本人在健康方面比较注重吃什么样的东西，而且容易跟随当代潮流。比如近年日本饮食中就比较流行蔬果汁、沙拉、粗粮类主食。另外，越来越多的人也开始使用魔芋代替拉面，用蔬菜豆腐代替米饭。在此背景下，自然罗森推出了以蔬菜、粗粮为主的各类便当、饭团、三明治及主打健康的零食、饮料等。

罗森推出的“蔬菜饭”（ベジめし）系列便当中，“番茄汉堡西兰花便当”与“肉末咖喱便当”使用西兰花来代替米饭，由此也能看出日本饮食“替代碳水化合物”的潮流。另外，从“海南鸡饭粥”“蔬菜蛋包饭”“韩式五谷拌饭”“牛油果三明治”等这些热销产品也能看出当代日本料理的流行要素：东亚、东南亚风料理、有助于消化的粗粮、受到女性欢迎的牛油果等。有着高性价比的“绿色蔬果汁”与“全麦面包”更是吸引了众多人购买，并将罗森的“健康”理念进一步推广出去。

2010年起，坚果类内含的维生素E成分开始在日本受到关注，罗森随即推出了各种口味与种类的坚果产品，到现在坚果类产品已经成为罗森销售排行榜上排位靠前的产品。另外，罗森的零食也是按照消费者的需求（减肥、防过敏等）制作，在包装的显著位置标明热量、含糖量或其他跟健康相关的营养信息。

成为必不可少的存在

随着日本家庭结构的变化，单身、少人数家庭的增多，日本市场对于廉价、小份商品的需求也越来越大。“与其在超市买大份量，不如在便利店买小份量，以免浪费多余的材料与金钱”成为了越来越多人的心声。在这种趋势的影响下，罗森丰富了各式各样的生鲜产品、生活用品、化妆品以及小包装的加工商品。将生鲜、生活用品以及医药品、现磨咖啡等引入便利店售卖，而如今，这些商品都已成为便利店不可缺少的要素。

罗森最初的原料采购由各产品商家自行完成，而原料的质量和价格也因为厂商的不同而产生波动。为了应对这种情况，罗森建立了专门的采购部门，甚至将其分割成一个独立的子公司，全面负责罗森自有商品的原料采购。该子公司发挥集团的规模优势，以最优价格采购到最高品质的原材料，使商品在保证质量的前提下，又降低了定价。为了

f.

g.

PETIT LAWSON

e.

h.

Uchi Café
まちかど厨房
レジ休止中
THIS REGISTER IS CLOSED.
となりのレジをご利用ください。
お好きな商品をレジまでお持ちください。
でか焼鳥

i.

加大产品开发力度，罗森甚至还开设了 23 个独家农场“罗森农场”，以提供安全放心的蔬果产品。

除了改善原材料的采购与生产，积分卡“Ponta Card”也是推进便利店服务品质的重要环节。2002 年，罗森推出第一个独家积分卡“Lawson Pass”，当时，积分功能只限制在罗森便利店使用。而 2010 年推出的“Ponta Card”除了能在罗森便利店使用以外，还能在加油站、音像店、快餐店、购物网站上使用。

商品开发，与其他品牌共存

便利店品牌之间的竞争激烈，而行业整体已经陷入到饱和状态。每到季节更替或者各种节日时，各便利店都会争先恐后地推出各式各样的新商品。

罗森每周二会推出 100 来种新的商品，各店铺按照自家的销售量与周边顾客的需求引入一部分新商品。一个新产品从企划到上架一般都要花费好几个月，像大型节日的新商品，比如圣诞节的蛋糕更是会提前一年开始企划。

除了上述的独家商品与各种服务，罗森也与其他品牌商合作共同开发商品。随着共同开发的新商品的发售，打造出“只能在罗森买到”的尊享感。这些共同开发商品有的是消费者通过 Ponta Card 的积分、优惠券获得，有的通过购买对象商品收集积分贴纸可获得，还有的是在罗森自有的电商 Loppi 上限量销售。共同开发的商品可以吸引更多年龄层，开发者不仅要关注流行趋势，还要与其他企业合作，以吸引更多的消费者。

到现在罗森已不再是“牛奶家”，也不再是普通的“便利店”了，而是针对消费者的需求、店铺的周围环境与顾客群体的特点推出更多品种的商品与服务的便利店。在自然灾害发生后，它也支撑起全体市民的生活，为社会做出便利店曾经做不到的贡献，满足顾客细致入微的需求，从而成为社会中“不可缺少的存在”。

j.

k.

h.
订货的商品种类与数量都由便利店店长来决定。“有一位客人喜欢自然罗森的南瓜沙拉，很可惜那天没有库存。所以我订货的时候，为了那位客人多订了几个。结果她成了我们的常客。”店长魏小姐说道。

i.
罗森收银台

j.
罗森 MACHI 咖啡

k.
罗森的会员限定小物件

日本便利店品牌图鉴
日本コンビニブランドの図鑑

陈鸣 / text　邓知玄 / illustration

便利店从 20 世纪 60 年代初期开始在日本发展，
时至今日，日本便利商店集团已数不胜数，
其中 7-Eleven、全家以及罗森的营收最高，被称为便利店业界“三巨头”。
在优胜劣汰的环境下，每个便利店品牌每年都会推出大量的品牌活动和新商品。
与大卖场的服务形态不同，
每个便利商店都有自己的规范用语与服务流程。
客人上前会问好，每一样商品会根据需求进行处理，
有一些女性用品涉及隐私，服务周到的店员甚至会单独用深色的包装分开，
结账完毕也向顾客一一道谢。亲切、愉快、迅速，是便利商店所推崇的待客之道。
而面对大量客流，店内也始终保持干净明亮，让顾客感到舒适，
这同样是便利店的待客之道。
如今，便利店发展历经 50 余载，对于日本便利店来说，不仅仅是“三巨头”，
还有许多品牌伴随着人们的生活。

Bellmart
新鲜组
heart in
Daily YAMAZAKI
COMMUNITY STORE & Monpéllie
Cocostore
Every One
CAF Retail Support
poplar
NEWDAYS
asnas
罗森 100
Seicomart
Nikomart
TAC-MATE
Circle K Sunkus
Cocostore East
Three F
Power 清热空间
MINISTOP
am / pm
SOLTY
CICO MART
K mart
Timely

Seicomart

创立时间：1974 年 6 月

说到本州地区人气第一便利店，大多数人会选 7-Eleven，但是在北海道地区的话，就轮到 Seicomart 了。

Seicomart 其实比 7-Eleven 还要创立得更早一些。1971 年，Seicomart 就在札幌市开了第一家店，算是便利店中的元老了。Seicomart 的“seico”发音与日文“成功”相同，也音同创业者西尾长光名字中的“西光”两字。

因为最初是酒类零售店铺，Seicomart 的发展壮大也和当地酒类零售业有很大的关系，对于那时候的全国连锁商店来说，获得酒类出售许可证是一件很困难的事情。与开创大型物流链的日本便利店三巨头（7-Eleven、全家、罗森）利用经营经验和资本在日本的便利店竞争中发展壮大相比，集中当地酒类零售而发展壮大的 Seicomart，可以说是日本便利店行业中独特的存在了。

Seicomart 以酒类零售店为中心进行转型，整合北海道区域内产炭旧址里废弃的酒铺，并从 20 世纪 80 年代开始吸引加盟店铺。到 20 世纪 90 年代，北海道地区的 Seicomart 店铺数量已达到 500 家，2016 年，Seicomart 在北海道地区的市场占有率已是第一位。在 Seicomart，你也可以买到各种类别的酒：以 500 日元左右的廉价红酒售卖为主，同时还有很多类似于 Dom Perignon（唐培里浓）和十胜红酒这样小众品牌的酒。

不过或许是因为多数店铺位于寒冷的北海道地区，Seicomart 并不像其他便利店一样严格实行 24 小时营业，它的主要营业时间仅为早上 6 点到晚上 12 点。截至 2017 年 6 月，也仅有茨城县一家 24 小时营业的 Seicomart 便利店。

Seicomart 的店员也会在店内亲手制作便当，还接受顾客点菜，这种形式在便利店经营中已十分少见。明星产品“超大饭团”，是为了照顾长时间无法正常就餐的货车司机而制作的特殊尺寸饭团，一个饭团用了整整一碗米饭。这样的商品体现出 Seicomart 体贴专业的品牌宗旨，令 Seicomart 一直都拥有很好的企业形象。

值得一提的是，2016 年 4 月，Seicomart 总部决定将旗下品牌 Seico Fresh Foods 名字改为 Secoma，制订了除北海道之外的地区扩张计划，迈出征服北海道之外地区的第一步。

a.

b.

a.
Dom Perignon 白葡萄酒
b.
十胜红酒

poplar

创立时间：1976 年 4 月

poplar 是一家起源于广岛的便利店品牌，在 1974 年由酒类批发商转为便利店的经营方式，并于 1976 年正式成立。通过兼并与收购，poplar 的规模不断扩大，以日本中国地区为中心，在关东、北陆、近畿、九州等地区开设店铺，在山阳山阴地区，poplar 的店铺规模已达到仅次于 7-Eleven、全家、罗森的第四位。除了“poplar”，“生活彩家”“highway 彩家”“生活 house”“three-eight”等也是 poplar 旗下的便利店品牌。

poplar 是白杨树的意思，而 poplar 便利店同样采用了用白杨树树叶作为自己的标志。在古希腊神话中，白杨树象征着胜利与爱，同时 poplar 又与英语中的 popular（流行）同语源，这两点都成为了 poplar 品牌的宗旨与特色。

与其他便利店品牌相比，poplar 开设店铺的地点更为多样，在办公室、酒店、医院、车站这些特殊地点，你都能看到 poplar 的店铺。

同时，店内出售的便当更是 poplar 的一大特色。这些摆在货柜上的便当只有菜，没有米饭，顾客需要选好便当后，到柜台由店员盛上新鲜米饭。值得一提的是，因为最初找不到夜间生产便当的公司合作，想在夜间出售便当的 poplar 便选择了自己生产便当，而这种生产方式被一直延续到了现在。

heart in

创立时间：1987 年 6 月

heart in 是 JR 西日本旗下的便利店。

heart in 的便利店都位于车站内，刚建立的时候主要是针对 JR 西日本的铁道职员，让他们能够在休息之余买到一些特产和零食。所以你还可以在这里找到很多日本国铁时代的物资。heart in 的营业时间也配合大多数车站的营业时间，店铺并不全是 24 小时营业。到 2014 年，heart in 变成 7-Eleven 的加盟店，店铺更名为“7-Eleven heart in ”，成为比较模式化的便利店。

Bellmart

创立时间：1991 年 10 月

Bellmart 虽然是 JR 东海管理运营的便利店品牌，但在 JR 东日本的一些车站内，也能见到该品牌便利店的身影。1991 年 10 月，Bellmart 在爱知县名古屋市的大高站开设了第一家便利店，店内主要出售报纸期刊等，同时兼顾食品零售。在激烈的市场竞争当中，Bellmart 也进一步拓展了自己的业务，开始在店铺中设置 SEVEN 银行与罗森的 ATM，同时也开始提供咖啡、甜甜圈等产品。

NEWDAYS

创立时间：2001 年 10 月

东日本 KIOSK 公司在 1987 年成立，并于 1988 年 9 月在东京品川站开设 1 号便利店 JAPAN CONBI，其理念是“在人们通勤途中，提供必需品，提高都市便利性”。1996 年 12 月 12 日，JR 东日本便利公司成立，并在 1997 年 10 月于东京饭田桥车站开设了第一家 MINI CONBI 。2001 年 10 月，JR 东日本集团统筹了 JR 东日本便利公司与东日本 KIOSK 两家企业，将其统一为东日本 KIOSK 股份有限公司，并分别打造出 NEWDAYS 和 NEWDAYS MINI 两种形态的便利店。在 2014 年 12 月 1 日之前，NEWDAYS 的店铺色彩基调都是红黄两色，其后，以新宿车站东口的店铺为起点，绿色成了 NEWDAYS 的主色调。在车站内发展的全新市场方针，使人们上班放学路过时总会进去买一点食品或生活必需品。NEWDAYS 在业界的日均销售额仅次于 7-Eleven，年度营业额更是超过 1 000 亿日元，遥遥领先于其他中小型便利店品牌。

2015 年 3 月开始，NEWDAYS 将车站售贩亭（KIOSK）与便利店两种形式合二为一，打造了 NewDays KIOSK。NewDays KIOSK 吸收了 KIOSK 的紧凑模式，同时具备便利店的快捷与商品类别多的特点。新形态的 NewDays KIOSK 与 NEWDAYS 虽然产于一个母体，但在私下还是暗中较劲。

不过也正是因为位置都处于车站口，NEWDAYS 的商品种类并不丰富，店铺面积也不大，顾客只能在有限的时间里买一些必需品。另外，产品吸引力欠缺也是 NEWDAYS 的一个问题。

TAC-MATE

创立时间：1993 年 6 月

TAC-MATE，是 Mitsuuroko grocery 股份有限公司在日本关东及中部地区开设的便利店品牌。品牌名中的字母“TAC”在日文里与“宅配”的“宅”字发音相同，意为“自己的家”，“MATE”意为“伙伴”，整个品牌含义可解释为“家的好伙伴”。店内装有电话并且通过电话承接送货上门服务这点，一直都是 TAC-MATE 的特点。TAC-MATE 也从很早以前就推行“只要购物满 1 500 日元，便可将商品包邮送到家”的便利性服务，算是十分符合品牌定位了。TAC-MATE 的很多加盟商从前都是酒类零售商，他们从很久以前就以便利的送货服务为优势，而这样的服务，也为老年人、出门不便的消费者带来很大的便利，深得他们的心。

1993 年，酒类零售商的 izmic，在爱知县名古屋市港区，开设了 TAC-MATE 1 号店。但直到 2004 年，TAC-MATE 才在东京设立总部，翌年开始进军关东市场。2012 年，TAC-MAC 被转移到 Cocostore 旗下，2015 年转移到集团子公司 Mitsuuroko beverage 旗下，同年由于全家的兼并，成为全家事业的一部分。2016 年，其事业又被转移至 Mitsuuroko provisions。

Three F

创立时间：1981 年 2 月

2018 年 1 月起，Three F 的独立店铺全部都变成了罗森 Three F。

20 世纪 70 年代末，富士 Citio 有限公司（原富士零售）在神奈川县横滨市矶子区开了第一家便利店。为了能够系统化地开设连锁便利店，富士 Citio 有限公司进而在 1981 年 2 月成立了 Three F 有限公司，旗下的便利店就是 Three F。Three F 的第一代标志，是三个 F 排列在数字 3 的右下方，所以 Three F 也被写成 3F。而第二代标志，则是由一个绿色的圈、一颗红色的桃心和一个蓝色的星星组成，分别象征着“地球”“热情”“和平”，这也是 Three F 的品牌宗旨：在这个星球上用真心带来最光明的未来。

好打地区牌的 Three F 强调“我们是诞生在横滨的便利店”。店铺除了标准的便利店模式之外，还有快食强化型店铺 gooz、生鲜食品强化型店铺 q's mart 两种模式。

Three F 一直都着重在日本南关东地区开设店铺，虽然也曾于 2001 年在日本四国地区开设店铺，并与当地公司签订加盟合约，但在 2015 年因经营问题全部从四国地区撤出。

如今全日本便利店市场竞争激烈，Three F、MINISTOP 这样的中型便利店品牌，更是一直处于苦苦挣扎的状态。2016 年 4 月 13 日，Three F 宣布与罗森签订联盟合约，给予其 5% 的流通股份，施行两家公司联合经营的模式，并于同年 9 月成立 L·TF 有限公司。也就是说，Three F 与罗森两家公司将共享原材料，联合采购，产品联合开发，这意味着 Three F 的独立品牌历史的结束。

asnas

创立时间：1994 年 12 月

在 JR 车站里最常见到的是 NEWDAYS 和 heart in，阪急电铁内则多是 asnas。

阪急电铁是关西的大型私营铁路公司，品牌宗旨为“一切都是刚刚好，为你的完美生活应援”“给你刚刚好的生活”，其主要的线路集中在兵库、大阪、京都等地。阪急电铁车站内最常见的便利店，当属 asnas。

asnas 的名字来源于英语的“as soon as”（意为“一……就……”）。1995 年 4 月 20 日，阪急电铁的十三车站里开设了第一家 asnas。位于 2 号线与 3 号线换乘口的这家 asnas，有着“就算在换乘的时间内也能购物”的含义。随后，asnas 以车站为中心，开设 9 家连锁店。到 1997 年 1 月，就有三家店日均收益超过 100 万日元。尝到甜头的 asnas 为了获取更高的市场占有率，从 2001 年起开设了连锁便利店 asnas exp。2008 年 4 月 1 日，阪神车站网（阪神电气铁道子公司）将旗下便利店品牌“an3”（アンスリー）的所有店铺都转变为 asnas，16 名员工也全部调入 asnas，这更是增大了 asnas 的规模，asnas 由此成为阪急阪神电铁内数量最多的便利店品牌。

COMMUNITY STORE & Monpéllie

创立时间：1994 年 7 月

COMMUNITY STORE 的前身是 KOKUBU GROUP 股份有限公司旗下的酒类零售便利店，店铺多由酒类零售点转型而来。

COMMUNITY STORE 于 1978 年于东京涩谷区开设 1 号店，1990 年后开始在东京之外的地区开设店铺，直至 1994 年店铺名正式确定为如今的 COMMUNITY STORE。

1983 年，茨城最大的酒类零售商“月之友”进军便利店行业，与 KOKUBU GROUP 结成联盟，其后，两者又在 1995 年分离，月之友成立独立店铺“Monpéllie”，并发展了 Monpéllie 的连锁店铺。

与其他由酒类零售商转型的便利店相同，COMMUNITY STORE 和 Monpéllie 也有送货到家的服务，其消费者年龄普遍偏高。1999 年，COMMUNITY STORE 在一部分店铺推行“亲切的快递”的邮寄服务。到了 2000 年，所有 COMMUNITY STORE 的分公司全部统一整合入 KOKUBU GROUP 股份有限公司，同年，Monpéllie 推出在店内现煮现卖的白米饭。到 2004 年，Monpéllie 宣布破产。

COMMUNITY STORE 在 2011 年后期向车站内进军，与京王线 Tsutsujigaoka 站（つつじヶ丘駅）共同开设“Tsutsujigaoka with COMMUNITY STORE”，随后又在 2016 年于新川一丁目开设在不同时段为顾客提供新鲜便当的厨房式新型便利店。

罗森 100

创立时间：2011 年 7 月 20 日

在日本街头，除了罗森，你还能经常看到戴着“眼镜”的罗森 100。

原本在九九 plus 旗下的 Shop99 于 2007 年起开始与罗森进行业务合作，随后罗森收购了 Shop99 中 25.6% 的股份，成为 Shop99 的第二大股东。到 2011 年，Shop99 成为罗森的子公司，同年 7 月 20 日将所有店铺更名为罗森 100，并于 2013 年 11 月 14 日成立罗森 mart 股份公司。

罗森 100 的 1 号店早在 2005 年就已在东京都练马区开业，那个时候的名字叫作 Store 100。如果说罗森是传统意义上的便利店的话，那罗森 100 则应该是集百元店和生鲜超市功能于一体的便利店。和普通的便利店不同的是，罗森 100 店内有大量新鲜蔬菜和家用产品，里面 90% 产品的售价都是 100 日元（含税 108 日元）。除此之外，支付水电费、出售烟草等其他便利店有的服务，罗森 100 也都具备。

但是因为在东京已经存在 AEON（永旺）和 Maruetsu（丸悦）这些主攻低价市场的超市，罗森 100 关闭了约 260 家店铺，并将部分店铺转型为药妆超市，在激烈的竞争中苦苦挣扎的罗森 mart，在 2015 年 1 月宣布闭店，度过了短暂的一年营业时间。2016 年 3 月 1 日，罗森 mart 公司名字变更为罗森 100 股份公司。

Daily YAMAZAKI

创立时间：1977 年 12 月

隶属于山崎面包公司的 Daily YAMAZAKI，成立于 1977 年 5 月，并于同年 12 月 1 日创立同名品牌公司。Daily YAMAZAKI 最初创立时名为 Sun Every，意味着每天都是阳光，品牌标志为红绿配色的一颗沐浴着阳光的小树。1978 年 5 月，Daily YAMAZAKI 推出 Daily store，品牌主题色为红黄白三色。Daily store 与 Sun Every 共存了近 20 年，直到 1999 年 1 月品牌整合，才合并为如今的 Daily YAMAZAKI。

创业初期，Daily YAMAZAKI 吸引了很多面包店和酒店的加盟，为了尊重加盟商自主经营，Daily YAMAZAKI 总部对于加盟店的要求并不严格。这样做某种程度上是尊重了个体经营的独特性，但作为一个连锁品牌，宽松的管理带来的更多是标准不一的经营与质量参差不齐的商品。一时间对 Daily YAMAZAKI 的负面评论如潮水般涌入，民众甚至将其列入“最讨厌的便利店”榜单。

2013 年起，Daily YAMAZAKI 开始就经营模式进行整改，并新开设了卫星店 New YAMAZAKI Daily store 与强调店铺独立性和便利店功能的 YAMAZAKI shop。

同时，Daily YAMAZAKI 开始注重在医疗设施、教育机关、高速公路以及交通要道附近开设店铺，例如东京新宿区的防卫省店铺、文部科学省的职工专用店铺等。

如今，Daily YAMAZAKI 市场占有率已达到日本第六。

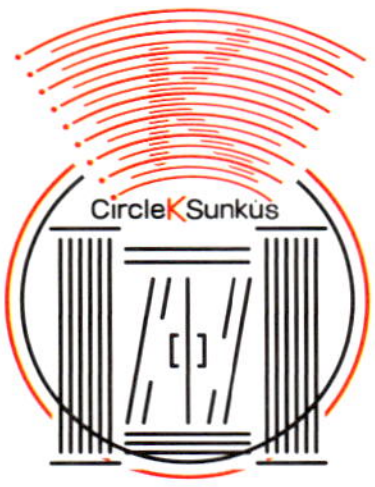

Circle K Sunkus

创立时间：2001 年 7 月

2001 年创立的 Circle K Sunkus（简称 CKS），最初其实是 Circle K 和 Sunkus 两家公司。这两家公司分别为 UNY 有限公司于 1979 年创立的品牌和长崎屋于 1980 年创立的品牌。2001 年，它们因控股集团的经营合并为一家公司，后在 2016 年并入全家集团旗下。

Circle K 的名字来自于美国 Circle K 公司，前身是德克萨斯州杂货店 Kay's Drive-In Grocery Store。标志为红黄紫的三色配色，一个圆圈里包围着字母 K，意为“属于每个人的 Circle K”。Sunkus 的名字由“sun”“kids”“us”三部分组成，品牌中大写的 K 也是一个行走的小孩模样，象征着就算是孩子也可以在店里轻松地购物。

2016 年，CKS 被全家集团收购，随后三年内，所有之前独立的“Circle K”以及“Sunkus”店铺也逐渐改为全家的商标或者转卖给其他品牌。但也正是因为全家的整合，导致许多 CKS 店铺与全家的店铺之间距离较近。CKS 的自家原创商品也从 2017 年 2 月一起全部换成了全家的品牌，而一些热门商品，例如“浓厚烤芝士挞”也取消了品牌名字仅保留了原配方进行售卖。然而也正是因为大规模地取消原创商品，让 CKS 品牌失去了固定的客群与独特性，随之带来千余家 CKS 店铺的倒闭。

MINISTOP

创立时间：1980 年 5 月

MINISTOP 的标志是一个可爱的小房子，象征着“你位于街角的休憩之处”，“MINI”和“STOP”的含义为“在这里稍作停留，然后再前进吧！”从品牌商标和寓意就透露出亲和力，这使 MINISTOP 很受日本民众的欢迎。

1980 年创立的 MINISTOP，有别于众多其他便利店品牌的是，它创立了将 24 小时随时购物的场所与有用餐空间的及时快餐店模式相结合的“康宝商店”经营模式，而这也是它最大的特点。20 世纪 80 年代的日本，便利店刚刚兴起不久，这样的创新令业界耳目一新。为了让顾客能够在店内愉快用餐，MINISTOP 还设有专门制作食品的厨房区域，顾客在 MINISTOP 买到的蛋卷冰激凌，根据自己的需求调整大小的便当，以及亲手捏制的饭团，随即就能在店内的用餐区域里食用。而“康宝商店”的模式作为 MINISTOP 的品牌特点，也十分严格地贯彻到日本的每家 MINISTOP 中，无论面积多小，MINISTOP 都会设置顾客用餐的区域。

与许多便利店品牌一样，MINISTOP 也会打造自己的品牌商品，根据季节的不同推出限定商品。从 1995 年开始，MINISTOP 每年都会发布夏日限定“haroharo”冰激凌汽水，并推出新的款式。而招牌蛋卷冰激凌与冻酸奶至今依然保持着最初的味道。

HOT SPAR

开设时间：1977 年 12 月 — 2015 年

茨城县的超市 kasumi 的创立者神林照雄，在大型超市与小型便利店的竞争热潮中，一直在思考着如何找到新的出路，就在这时，他偶然知道了欧洲的自发连锁便利店 SPAR，于是在 1977 年成立 SPAR 茨城县本部，开始展开名为 HOT SPAR 的便利店产业。

处于摸索阶段的 HOT SPAR 的店铺，其实也有一点像以售卖生鲜为主的小型超市，直到 1985 年 3 月，HOT SPAR 才开设了真正意义上的便利店，加盟的合约形式也从自发型连锁便利店模式，变成了特许经营。

1998 年，HOT SPAR 遭遇了创立以来的第一次财政赤字，最终亏损高达 1.52 亿日元。这使得 HOT SPAR 的便利店产业受到巨大影响，增设店铺以及开拓日本新市场的计划也不得已中断。为了避免破产，2001 年 HOT SPAR 向 Cocostore 转让了约 46.29% 的股份，随后更是以面包、和果子、快餐为中心着重开发新产品，同时建立和 Cocostore 统一的售卖方针，最终在 2005 年 5 月得到久违的盈利。2007 年 11 月 14 日起，HOT SPAR 决定从日本 SPAR 本部脱离，将旗下所有店铺名变更成 Cocostore。2008 年 6 月 Cocostore East 公司成立。直至 2015 年，Cocostore 的股份卖给了全家股份有限公司，Cocostore East 的便利店也由此画上了句点。

Cocostore

开设时间：1971 年 7 月 — 2016 年 11 月

Cocostore 股份有限公司旗下的 Cocostore 便利店，名字里面的字母“CO”取自英语单词“convenience”和“comfort”，显而易见，意在给大家带来方便和舒适。

最初的 Cocostore 是名古屋的盛田酒业旗下的山泉商店为拯救被大型超市夺去客源的小型零售商与酒类零售商而推出的便利店品牌。1971 年 7 月 11 日，Cocostore 在爱知县春日井市开设了 1 号店（2016 年 9 月 1 日后变成 TAC-MATE，并于 11 月闭店），虽然 Seicomart 也说自己比 7-Eleven 开得还早，算是便利店中的前辈，但 Cocostore 却直接在 1 号店入口右侧摆放了刻有“日本便利店发源地”的纪念碑，还吸引了广告界人士拜访。2016 年 11 月 Cocostore 1 号店倒闭之时，媒体报道的标题为“日本第一家便利店，闭店！ 45 年历史落幕”。

2015 年 10 月 1 日盛田昭夫将 Cocostore 的股份卖给了全家股份有限公司，随后 Cocostore 的品牌依次向全家的业态转型。2016 年 8 月 Cocostore 的官网关闭，部分未能够收入全家旗下的 Cocostore 店铺（冲绳地区部分）变成了 TAC-MATE。

值得一提的是，咖喱连锁店品牌 coco，虽然同样发源于爱知县，两者名字也相似，但是与 Cocostore 并没有关系。

am / pm

1990 年 4 月 2 日创立，2010 年 3 月 1 日被全家收购。

CAF Retail Support

1998 年 4 月 1 日创立，2013 年 12 月 11 日宣布破产。

Timely

1985 年 8 月创立，2008 年 11 月将业务转移到 Daily YAMAZAKI 名下。

Nikomart

1980 年创立，1993 年日本 Nikomart 宣布破产。但 Nikomart 依然在中国台湾，以“福客多便利商店”的名字营业。

Every One

1994 年 10 月 13 日创立，是 Cocostore 的旗下品牌，2015 年 Cocostore 本部被全家集团收购，2016 年名为 Every One 的店铺消失。

新鲜组

1982 年 4 月 23 日创立，2008 年被罗森收购。

SOLTY

1984 年 4 月创立，2003 年停业。

CICO MART

1983 年创立，2005 年 10 月宣布破产，现仍有少量遗留店铺。

K mart

1964 年创立，20 世纪 70 年代曾经是便利店中的代表品牌，1993 年宣布破产。

Power 清热空间

属于日本杂货超市“堂 · 吉诃德”（ドン . キホーテ），2006 年 8 月 19 日开设 1 号店，2008 年 1 月 25 日日本仅有的 6 家店全部宣布闭店。

便利店人间：从便利店透视日本社会

コンビニ人間：コンビニから見る日本社会

戴宁 / text
杨小咩 / photo

便利店充斥着各种声音：客人进店的门铃声、店内有线广播里偶像宣传新商品的声音、店员的招呼声、扫条码的“哔”声、商品放入购物篮的声音、抓起面包包装袋的沙沙声，以及漫步店内的脚步声等，它们浑然一体，化成“便利店的声音”。

便利店本身已然成为一种声音，是象征标准化均质社会的声音，是在秩序下有“刚刚好”的距离感的声音，它嘈杂又有序，它漠然又热情。

日本的便利店是资本主义社会的产物，是维持社会正常运行的齿轮。有高度统一性但可调控，有高度功能性但无存在感，有被监督被审视的自我调整和自我约束却依然逃不掉随时可被替换掉的危机。

第 155 届芥川龙之介文学奖获奖作品《便利店人间》让很多人在反躬自省的同时，将视线转移到便利店这一具有话题性的主题。36 岁的村田沙耶香曾以尖锐的洞察力、缜密的逻辑思维和有穿透力的文字创作出众多获奖作品，而这一次获奖经历却改变了她的人生。作品更加细腻、诙谐幽默地说出一个族群的心声，展现出日本的另一个侧面，读者还能透过作者的经验加深对作品的感受。对于每一位作家来说，作品都是新生儿，是自己的细胞，也是思维的产物。几分写实几分虚构对读者来说并不重要，关键是作者如何与自己对话，与读者对话，与社会对话。村田自身的经历的确与主人公有几分相似，但是村田表示人物设定与自己的实际情况没有重叠，只是当自己漠然敲打着收银机时才会有思绪浮现，这最好地证明了便利店是一个可以从多方面多角度提供安全感的真空空间。

《便利店人间》以私小说的方式，讲述了 36 岁的单身女性惠子的生活。在人生成长过程中的每一个阶段，惠子都无法与周遭同步，不断怀疑自己委屈自己，无法游刃有余地适应环境，抗拒过剩的人际交往，也无法回应所谓的期待，无论是在校园还是在社会，她都无力反抗那种关于年龄和性别的压力。连续 18 年在同一间便利店打工，没有就业经验没有恋爱经验，高度流程化的便利店业务指南让她找到自己的容身之处。她用条条框框的约束将自己同化成周围的颜色，用机械化的行为来掩盖内心的另类。只有在便利店工作的时候她才会被认作正常人，所以便利店便成了她自我保护的工具。惠子像“零件”一样在便利店工作，但同时也因为在便利店工作从而真正意义上变成“零件”。虽然不能否认其积极意义，但也正应了席勒说的，永远束缚在整体中一个孤零零的断片上，人也就把自己变成了一个断片。

通过便利店这个舞台我们可以透视日本。在很多人眼里，日本社会可以包容三六九等、多次元多阶层的变幻无常，却无法容忍异质性三个字。排除异己才会降低危险系数，这个道理并不难理解。但值得反思的是，究竟为什么一定要从文化中心主义出发，来判断独一无二的骄傲和千篇一律的深沉哪一个更高尚？不得不承认，对异质性的排斥起到了“照妖镜”的作用，在外在监督与内在反省的窥视下，高度均质化社会变得更加有条不紊，但同时也讽刺地影射出权力的居高临下。

20 世纪 70 年代，日本经济高速发展表现在工业加速发展，但同时剧增的汽车数量加剧了环境的污染。80 年代校园欺凌现象盛行，90 年代泡沫经济瓦解，经济发展停滞，人们的幸福感大幅下滑。所有时代变迁的特点都可以在便利店的革新当中找到线索。消费欲望在不断改变，便利店也随之更新换代。

便利店作为一种零售业态，从 20 世纪 70 年代中期开始在日本全国各地扩张壮大。现如今，说到便利店这三个字，无论身处哪个国家，首先便可联想到日本发达的零售业，它和无印良品、TSUTAYA 等巨头并肩作战，成为战后日本零售业的典范。它们打破传统消费理念，真正做到顾客至上，高效提供高质量的商品和服务。

便利店为我们的日常生活带来了什么？总而言之，无非是便利二字。没有便利店的生活，对日本人来说，应该比每天地震还要难以忍耐吧。排除一部分没有便利店的地区来说，便利店到底在我们的生活当中起到了什么样的作用？早已有人用“家里第二台冰箱”来形容便利店，就像《便利店人间》里的惠子和便利店谈起了恋爱。小小的箱型店铺，细致利落的服务，井然有序的摆放方式，干净卫生的食物，这些的确很容易使人迷失在无微不至的关怀里无法自拔。存取款服务、邮寄寄存服务、干洗服务、打印、传真、买票、洗手间……这些便利店的基本服务给我们提供了让人心安的便利。便利店是一座迷你日本城市，你可以在便利店里体会到每一个细节的作用，和它背后的温暖。

饥肠辘辘的高中生会跑进店里一手抓一袋面包，一手握一盒牛奶；卡车司机会摇摆到咖啡柜台，嘴里嘟囔着香烟的号码；碎步磨蹭的办公室白领女士在犹豫丝袜的型号；早上排队人手一杯现磨咖啡，晚上成群结队购入薯片啤酒。孩子大声要糖果，老奶奶小声借厕所……每一家便利店的日常，都是日本的日常，也是每一位便利店员的日常。有人称赞这叫秩序社会，有人评价这叫一成不变，每个人的感受各不相同。日本人用一本业务指南（マニュアル），把所有可变因素都编辑成不变的应对方式，把摸石头过河的零售业打造成地道的日本制。

曾经在日本地铁上看到一句“我们只做好理所应当”，却从未深思理所应当的界限。在高度均质社会标准化下，当理所应当变得随手可得时，人们对理所应当的要求变得苛刻。更多人在潜意识里争做理所应当，不敢脱线脱轨。当所有人都共享同一标准的理所应当时，理所应当就变为常识，一个有常识的社会必定会是大多数人追求的“普通”状态。但与普通相比，个性会被诠释成异常，异质性就变得格外显眼。在高度流程化的章法下，如果只是按部就班地照做，不去思索合理性，只是习惯性重复，麻木大脑，拒绝反抗，排除异常，那么机器取代人类那一天不会太远。

如此无须思考、无须斗争的舒适环境使人失去战斗力，失去感动的机会。那么我们都会变成同一型号的齿轮，随时可被更替。

买东西买服务买时间，便利店不仅卖物也卖贴心。与 30 年前相比，在便利店的用户年龄层统计中，占首位的年龄段从 30 岁以下的青年群体变为 50 岁以上的中老年人群体，以刺激消费为核心的商业体系接下来要面临如何为社会创造福祉的问题。人工智能可以加快收银速度，但却不能取代你的感受。

今天，你从便利店买了什么？

a.
田矢信二行色匆忙地赶往接下来的便利店调研

『孤独』研究家田矢信二：日本便利店研究第一人

「孤独」研究家田矢信二：日本コンビニ研究第一人

马冬梅＼interview & text
陈鸣＼edit
堀内庆太郎、魏立云＼photo
田矢信二＼photo courtesy

“便利店因为‘小’而形成了一种很容易变化的商业形式，这种随机应变的模式，带来了优质服务。”

田矢信二

出生于日本大阪，便利店研究家。1999年从近畿大学毕业后，先后在7-Eleven日本、罗森就职。曾为便利店提出过各种企划方案，并从自身经验发展出一套自己独特的管理技巧。在此之后，于2013年加入船井综合研究所，担任流通业、餐饮业的特许加盟商的培训讲师。现正以便利店研究专家的身份活跃在零售行业。著有《为什么在7-Eleven工作的人会变得抢手呢？》等书。现就职于株式会社调查研究中心（SURVEY RESEARCH CENTER）。

在日本，便利店与其说是一个购物场所，还不如说是一种文化现象。日本消费者早已不满足于大卖场所提供的购物形式，应有尽有只是消费者的入门级要求，而应有“精”有，才是消费者追求的购物体验。便利店一直在与时俱进更新营销模式：与银行合作积分系统，定期推出与品牌合作的限定商品，定期更新广告等，通过这些做法来满足需求不断提高的消费者们。

20出头的体育少年田矢信二，那时正规划着进入体育界的未来，却误打误撞进入7-Eleven，在便利店一待就是15年。15年间，便利店逐渐对田矢信二显露出它特有的魅力，凭着对于零售业的执着，他不停地观察、分析、提出方案，探访了近10 000家便利店，成为日本便利店研究第一人。

采访田矢先生的过程匆忙却也轻松，大阪出身的他热情健谈，有着和冷静的东京人不太一样的性格。

“每件小事情我都认真客观地去对待，养成一个良好的习惯。实践的确是会出真知的，所以世界上才有很多研究家。对于自己想要深入下去的事，一定得坚持，不要忽略它的力量。”他这样说道。便利店对于他来说，是事业的起点，也是之后事业的基石。零售，换一种角度来说，是顾客与社会的关系探讨。便利店，换一种角度来说，是人和人的组合。

b.
田矢信二演讲课堂

Interview

知日：田矢先生对于便利店如此痴迷，都到了变成研究家的程度，有什么特别的原因吗？

田矢：我小时候自己家其实也开了一家做零售的小店，是一家出售玩具的小玩具店。那个时候就一直在店里帮大人的忙，大学毕业后相继去了 7-Eleven 和罗森工作。最初我只是一个对便利店一无所知的外行人，后来开始被便利店的经营所吸引，慢慢越陷越深。这些年我也曾经历过很大的失败，便利店对于我来说是"生意的原点"，它让我有了更进一步的追求。

知日：现在，便利店在日本已经有了一个很系统的产业体系，有很多大大小小的品牌，那么日本便利店产业有什么独特的地方？

田矢：便利店的诞生是在美国。大约 50 年前，日本刚好在百货店模式比较低迷的时期，为了寻找新的商业模式，日本 7-Eleven 的创始者，号称便利店之父的铃木敏文在美国发现了便利店的连锁经营模式，并将这种理念带回日本。可是当时，美国式的商业习惯和日本有着不相容的部分，于是便利店在发展过程中有许多日本式的东西被发掘出来。日本刚从美国引进便利店的时候，是没有日式便当出售的，是饭团、关东煮等这些适应日本人饮食习惯的商品的出现，才让便利店成为有着极高使用率的店铺。这反而又成为了日本便利店独特的部分，我觉得这就是它逐步成长的秘诀。

另一方面，日本的国土面积很小，但日本的小卖店很多，经常有亚洲的朋友问我，为什么日本有这么多便利店和自动贩卖机呢？在日本文化中，人们对待"小"的东西有一种情有独钟的情愫，这种情愫和日本人的生活方式乃至日本文化都十分契合。便利店和百货店、超市不同，它因为"小"而形成了一种很容易变化的商业形式，这种随机应变的模式带来了优质服务。

知日：便利店的人气，具体是指哪些方面呢？

田矢："国民饮食"的流行，也让从业者更关注商品开发。拿便利店食品来说，和一般餐厅竞争的话，便利店的制胜点是什么呢？便利店的食品生产中，机器代替了厨师，所以便利店就会在专门的生产机器上下功夫。像是饭团、便当的话，7-Eleven 就比较强，罗森比较擅长油炸食品，全家的油炸食品、意大利面、甜品都很好吃。这种根据时代变化的进步使便利店渐渐收获了自己的顾客。

知日：日本的便利店在日本社会中扮演着什么角色，对日本社会有着怎样的影响？

田矢：从地域划分来说，便利店的分布基本上以关东地区为中心，比如东京就是店铺数量明显更多的地方。当然现在，大阪、名古屋等大城市也有很多店铺。7-Eleven 作为日本最大的便利店连锁品牌，引领着其他各品牌在各地开始了便当、饭团等的地区性普及。

其实 2011 年东日本大地震发生以前，经常去超市的人几乎不去便利店，光顾便利店的 70% 都是男性顾客，“便利店派”的顾客主要还是 20 多岁的年轻人，每周去个几次，主妇人群是不会去便利店买菜的。但是在灾难发生后，便利店发挥了社会基础设施的作用，其后，主妇在购物者中的比例逐渐增加，到现在，有四五成便利店的顾客都是女性。再加上便利店也开始出售便当等食物，慢慢地人们感觉到它不光是为大家购物提供便利的地方，也是我们的“家庭食堂”。去的次数越多，对那家店的信任感就会越强。灾害也同时让日本人认识到 24 小时营业的便利店的基础设施地位和便利店在生活中的价值。

知日：便利店在未来会发展成什么样？

田矢：由于劳动力不足等原因，我认为日本的无人店铺会增加，不光是无人店铺，还有收银台的自动化，今后的 5 至 10 年内，大概 10% 的店铺会变成无人店，或者是接近无人店的形式，所以要珍惜现在的店铺啊。

知日：其实中国现在也出现了无人便利店，您怎么看待日本无人便利店以后的发展方向？

田矢：以互联网事业为中心的公司开发的无人超市会以怎样的速度来到日本市场，这也是我很关注的一个问题。互联网公司要来带头做这件事情，这决定了它在日本的发展速度。使用电子钱包（suica）的日本人在增加，但多数人消费还是以现金为主，所以要做到像中国那样出门不带钱包大概还需要很长时间吧。中国很流行用二维码结算，虽然我还没有真正见过中国的无人超市，但是我听说是非常方便和快捷的。

我觉得如果没有像阿里巴巴那样发达的互联网公司在日本掀起一阵新风潮的话，日本的便利店会以实体店的方式再维持一段时间。在某个店铺进行个别实验的可能性很大，但如果说某品牌便利店突然在 2025 年就有 2 000 家无人便利店的话，还是比较难以想象。

知日：便利店系统与自动销售系统，例如自动贩卖机，这两种经营模式有什么值得探讨的关系吗？

田矢：就现状来看的话，便利店的消费者年龄层和自动贩卖机的消费者年龄层有很大区别。我不下几百次地观察过很多自动贩卖机的购物场景。便利店门口放了一台自贩机，在自贩机买果汁的年纪稍长的人，是不会顺道进便利店的。相反，20 多岁的年轻人或者刚刚毕业的求职者，他们一般都是径直走进便利店，不会在自贩机前面驻足。从这样的对比中我就发现，这两者吸引的顾客群是不同的，十分有趣。

自贩机的顾客都是稍微年长的男性。

还有一些特点，比如把自贩机的台数和便利店的店铺数对比，你会发现便利店店铺数量在快速增长，自贩机的台数却呈现出减少的趋势。自贩机是比便利店更小的零售方式，不过，光是饮料一项就有2兆日元的市场，再加上食品型的自贩机，总共的市场规模约5兆日元，便利店是10兆到11兆日元左右，所以自贩机在日本占有很大的市场份额。

不能开设便利店的地方，可以考虑设置自动贩卖机型便利店。自贩机出售的产品是制造厂商直属宣传的产品，其中包括一些没有在便利店上架的商品。我经常会想，那些没有在便利店里上架，只在自贩机出售的商品是什么味道呢？它会勾起我的好奇心。最近有饮料厂商推出了自贩机限定销售的饮品，果然他们也很懂得消费者的喜好啊。

C.

在全家自贩机前购物的日本人

知日：站在研究家的角度给便利店的经营者一些建议吧。

田矢：经营者当中应该有很多“孤独”的人吧，便利店店长总是一个人，但是却需要应对随时变化的经营状况。日本三大便利店加盟的平均年限为10年，那这10年就要好好计划，但也会出现很多不能完全顺应计划的情况。要在随机应变的情况下，顺利进行自己的计划，是一件很难的事。从计算经营者收入的角度来看，一家店一日收入50万日元，一个月就有1 500万日元，商品利润率是70%的话，也就是950万日元，再减去一些成本费用，大概就是500万日元的毛利润。本部和加盟店分配比率是50%的话，加盟店会拿到250万左右，那加盟店的经营者就要仔细规划计算好这250万的用法，在日常业务变化中调节好劳务费、废弃商品费、库存成本这三项的金额。

在国外的超市，某一款畅销商品如果卖空了，也不会有太多人在意空掉的货架，而日本便利店却很忌讳出现空货架。但库存过多造成每天出现很多废弃商品也是不可取的，所以算好废弃商品的成本是一件很重要的事。

人事管理方面，当我作为便利店店长的时候，我会考虑具体在哪些地方投入精力，与店员进行单独对话，树立每个月的目标，我会让他们把自己的目标记录下来，这样就会发现问题，同时也培养了团队意识。

比如有些店长为了维护店铺的正常运营，会经常代替突然请假的员工加班，这些情况在谈话之后会得到好转，甚至有的店长会收到店员的感谢信。作为店长，当然也会受到鼓励，与大家一起加倍努力。

知日：研究过那么多便利店，有什么特别推荐的食品吗？

田矢：饭团、炸鸡和咖啡绝对是外国游客不容错过的便利店食品，便利店的炸鸡和肯德基、麦当劳的炸鸡是不一样的，有着不同的魅力。另外我也很推荐鸡肉沙拉，真的很不错。

现代日本社会风向标：那些令人怀念的便利店广告

現代日本社会のウインド・ベーン：懐かしいコンビニCM

杨安琪 / text

a.

c.

b.

d.

e.

每一支便利店的广告，都体现了那个时代背景下人们的生活习惯，而它们的集合就好像整个日本近半个世纪以来生活方式变化的缩影。不论是新推出的各类食品，还是每年在各种节日都会出现的花样翻新的预约商品，各家便利店都在铆足了劲宣传自己的特色。透过这些广告，我们也能看到便利店与人的紧密关系。

f.

g.

h.

i.

a.“早上 7 点至晚上 11 点，年中无休”的初期 7-Eleven 广告语

b. 齐藤祐子与 7-Eleven 新款汉堡包

c.d. 齐藤祐子与 7-Eleven 新商品 Burrito

e.7-Eleven 广告中的关东煮

f.7-Eleven 开始推行在便利店中缴纳公共费用的服务

g.h.i.7-Eleven 广告中的石田光

便利店品牌广告语

20世纪70年代初，Seicomart、全家、7-Eleven、罗森、Circle K、MINISTOP、Sunkus等品牌的便利店如雨后春笋般出现，在便利店的起步阶段，几乎每个人都在好奇『便利店』究竟是什么，这个新鲜玩意和已经深入人们生活的『万屋』（よろずや）又有什么不同？

为了解答人们的这些疑问，初期便利店的广告也在专注于向大众传播『便利店是什么』。从20世纪70年代初7-Eleven的广告里我们就可以看到，它最希望传递给大众的信息是『营业时间为早上7点到晚上11点，且全年无休』，这段信息出现在每一段广告的最后，而这便是便利店与传统的万屋的关键差异。

在年末年初，日本店铺一直有暂停营业的习惯，虽然大家对此已习以为常，但这却是一种不得不接受的不便，而便利店的出现正好弥补了这一市场空白。初期的7-Eleven广告中就有穿着新

j.

k.

l.

m.

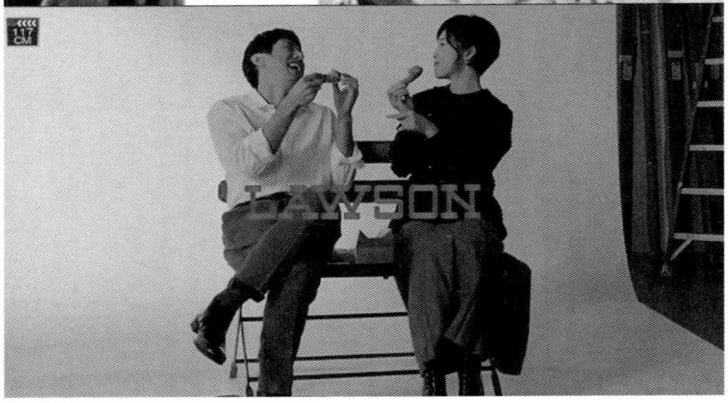

年参拜和服的一家三口出入便利店的场景。『全年无休』在现在看来虽然稀松平常，但那时候，正是通过这种服务上的升级，才使得便利店以全新的面貌出现在大众生活之中。

同时，这一时期的广告也在不断向大众输出便利店『便捷服务』的概念。大清早来不及在家里准备早餐时，或是乐队排练到晚上饿到肚子叫时，还有家里缺琐碎的修补工具时，不管是哪种场景，广告都给了你答案——直接去便利店吧，便利店里你想要的东西全都有，什么问题都可以解决！

当然不得不提的还有每一次广告结束前出现的经典广告语。7-Eleven早期广告语『7-Eleven，心情好』（セブンイレブン、いい気分），简短又押韵，再搭配上轻松的曲调，可以说是大获成功。中期7-Eleven的广告语换为『近距离的便利』（近くて便利、セブンイレブン）。

与7-Eleven一样，各个品牌的便利店在广告语上同样下足了功夫。全家的广告语存在年数之久，大概可以与7-Eleven的经典广告语一较高下。1982年，全家在电视台播放第一支广告时，出

演者就是全家的社长夫妇二人，这支广告一度成为当时的热门话题。此后在一系列广告词中，『有你有便利店，才是全家』(あなたと、コンビに、ファミリーマート) 成为了全家的经典广告语。

这句话隐含着全家整个企业的信念与文化，并不是单纯的——『你的便利店，全家』，而是『顾客与便利店一起存在于每一个全家便利店里』。这句经典广告语一直被沿用至今，2006 年被定为全家企业的核心宣传词，2017 年 9 月 29 日，全家的这一广告语连同旋律一并作为『声音商标』在日本特许厅进行了认证。

罗森早期的广告中有一条『打起精神来，啰，森！』(元気になろーソン！)，这样利用谐音的语言游戏给人留下了深刻印象。每到开设 100 家店铺，5 000 家店铺这样的重要节点，罗森都会有新的广告语推出。

另外，MINISTOP 的广告语『稍微停一下，MINISTOP』(ちょっとストップ、ミニストップ)，以及 Sunkus 的『就在，那里，Sunkus』(すぐ、そこ、サンクス) 也同样深入人心。

n.

o.

p.

q.

便利店品牌的代言人

广告语的优势并不意味着企业广告战的全面胜利，广告代言人同样也是其中的一个重要元素。

7-Eleven 早期的御用代言人齐藤祐子，长相看起来普普通通，但却是 20 世纪 80 年代初红遍日本的搞笑女艺人。戴着大大的黑框眼镜的她，和当时大火的动画《阿拉蕾》的女主角十分相像。1983 年，她第一次出演 7-Eleven 的新款汉堡广

j. 7-Eleven × AKB48 圣诞节特别企划
k. 近年的日常版 7-Eleven 广告
l. SMAP × 罗森
m. 西岛秀俊与竹内结子的罗森黄金鸡腿宣传广告
n.o. 大野智 × 罗森
p. 西岛秀俊 × 罗森特浓牛奶华夫冰激凌
q. 齐藤由贵 × 罗森

告，广告中她举着汉堡说『其实，汉堡在成为汉堡之前是UFO，证据就是它其实是会飞的……哎呀，今天没飞走呢』，堪称经典。此后她多次出演7-Eleven的电视广告，从新商品『Burrito』到罐头关东煮，齐藤祐子虽然称不上美艳动人，但她的形象不正与便利店一样平凡但却深入人心吗？

1994年，石田光开始担任7-Eleven的广告代言人。泡沫经济破灭的余波还未散尽，甜美温婉的青春少女形象大概最能起到治愈作用。虽然石田光曾调侃自己在20世纪80年代末代言过的几个产品都卖得不好，自己简直是代言毒药，但她出演的7-Eleven广告却着实让人眼前一亮。20世纪90年代初，也正好是她在各大电影中大放异彩的时候，成为一线女演员的石田光在1992、1993年连续两年担任NHK电视台年末大型歌唱节目《红白歌会》红组的主持人。

在石田光之后，7-Eleven换过几任代言人，涩谷琴乃、新山千春、野村惠里、吉行和子等，但时间都不长。最近几年7-Eleven的存在感已经不需要靠人气明星提携，只有在如圣诞节之类的特定时期才会起用AKB48等明星来宣传，日常广告则开始打日常平民感的温情牌。

r.

s.

t.

u.

v.

罗森与全家在代言人上下的功夫也不容小觑。早期罗森的代言人可谓巨星云集，高岛政伸、吹越满、铃木蓝蓝、中山美穗、大冢宁宁、松本明子出现在同一支广告中，情人节特辑还有齐藤由贵和星由里子助阵，后来更是请到SMAP作为推广罗森票务的形象大使，2014年西岛秀俊和竹内结子为黄金鸡腿等食品代言并拍摄系列广告，2015年又有大野智加入。

全家广告在初期也走的是邀请明星代言的路，20世纪90年代的筱原凉子、柏原崇、柏原收史三人手挽着手一起喊出全家的经典广告语，三人的青春活力绝对不输同时期的其他广告代言人。

便利店品牌的推广方案

除了代言人，便利店品牌最重要的还是产品本身。便利店贩卖的产品说到底就是便利的服务。注重便利性且发展多元化大概是日本便利店的特点。在网络还不够发达的20世纪90年代末、21世纪初，便利店的每一点进化都需要通过电视广告传播给大众。

7-Eleven作为日本便利店界的翘楚，最拿得出手的是自己品牌的食品。7-Eleven注重『绝对的美味』，由此理念诞生的关东煮，还有各类小菜、便当都广受好评，将同行远远甩在了后面。关于美食的广告自然也占据了7-Eleven广告的绝大部分。

罗森则从自身定位出发想出了新花样，以单身人群为目标的『自然罗森』，和汇集低价生鲜产品的『罗森100』都有各自的广告风格。与DoCoMo合作的d-point

w.

x.

y.

z.

r.s. 全家沿用至今的标语
t.u.v. 全家的明星代言：筱原凉子 & 柏原崇
w. 消失的 SPAR
x. 曾经九州地区的便利店主力 Every One 广告
y. “稍微停一下，MINISTOP”
z. 朴素的 Seicomart 广告

系列广告也是话题性十足。其中出现的小黄鹦鹉不仅火遍了的日本，还在中国的网络表情包中赚足了眼球。

相较之下，最早出现的Seicomart、Circle K Sunkus，还有曾经辉煌一时的am/pm、HOT SPAR、Every One、MINISTOP等小众便利店，除了在北海道偏安一隅的Seicomart在北海道人口稀少地区的经营有所成效外，在日本其他地区，其市场几乎都被7-Eleven、罗森和全家三家分割。

电视广告体现了现代日本社会的方方面面，在这场没有硝烟的战争中，你觉得哪家便利店更胜一筹呢？

我在便利店买了这些

コンビニでこれを買った

西瓜糖 / text
堀内庆太郎 / photo

草莓蛋糕 ¥298
明治牛奶 ¥157

合计 ¥455

三得利伊右卫门绿茶 ¥151
鸡肉什锦直卷饭团 ¥120
Scottie 纸巾 ¥159
乐天 Ghana 牛奶巧克力 ¥119

合计 ¥549

MACHI 咖啡 ¥100
红豆可颂 ¥173

合计 ¥273

可口可乐 ¥151
7-Eleven 粗粮便当 ¥380
关东煮：萝卜、鸡蛋、
竹轮、鱼糕 ¥360
WINSTON 香烟 ¥420

合计 ¥1 311

湖池屋薯片 ¥160
乐天雪见大福 ¥140
比沙家炒栗子 ¥214
明治竹笋状巧克力饼干 ¥214
可尔必思冰激凌 ¥162
Parado 眼线笔 ¥255
7-Eleven 肉汁味脆脆卷 ¥108
Parado 卸妆油 ¥972

合计 ¥2 225

全家矿泉水 ¥100
杂志《东京食本》 ¥700
创可贴 ¥324

合计 ¥1 124

PLATINUM 钢笔 ¥1 080
圆珠笔 ¥248
罗森粉红葡萄柚
加番石榴果汁 ¥298
信纸 ¥432
A5 便签本 ¥324

合计 ¥2 382

调味酱 ¥100
食盐 ¥108
K&K 北海道贝肉罐头 ¥465

合计 ¥673

Lucky Strike 香烟 ¥460
罗森杯面 ¥120
明星方便面 ¥248
拉格啤酒 ¥224
力士沐浴乳 ¥409

合计 ¥1 461

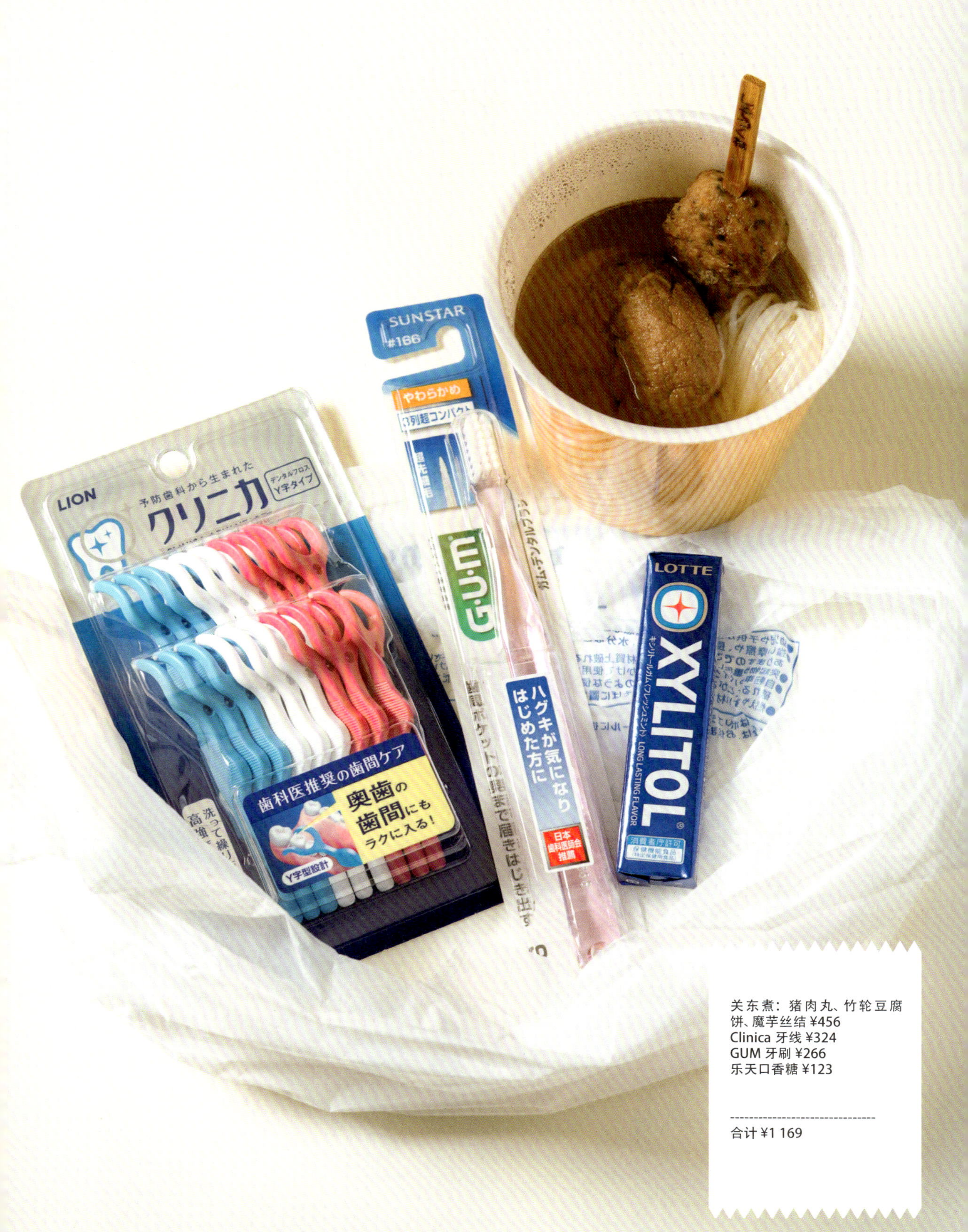

关东煮：猪肉丸、竹轮豆腐饼、魔芋丝结 ¥456
Clinica 牙线 ¥324
GUM 牙刷 ¥266
乐天口香糖 ¥123

合计 ¥1 169

今天也去便利店购物吧：
便利店的热门商品

庄悦／text
陈鸣／edit
还有谁叫皮皮赖／illustration

今日もコンビニへ
ショッピングしましょう：
コンビニのヒット商品

5色のカラフル白玉くりぃむぜんざい
新発売
128円
(税込138円)
LAWSON
116円 (税込125円)
新発売
FAMIMA
PREMIUM
SERIES
飲みきりサイズ
SINCE 1884
MITSUYA
CIDER
Asahi
三ツ矢サイダー
せいろ蒸し
旨味たっぷり

特集　便利店全解读

除了一些常见品牌（如卡乐比、明治、UHA 等）外，每个便利店品牌都有自家供应的商品。由于是自产品牌，为了实现销售目标，这些商品各有特色且价格低廉，一百日元左右就能买到的鱿鱼丝、小饼干等食品比比皆是。

万圣节限定 南瓜紫薯日式巴菲

万圣节到来的时候，好多商店都会应景地在装饰中加入万圣节元素，甚至推出很多万圣节限定商品。万圣节限定南瓜紫薯日式巴菲，可爱的外观不是重点，美味才是吸引你的地方。紫薯、南瓜、牛奶口味的慕斯配上略有嚼劲的糯米团子，口感新奇有趣。慕斯口感绵密，虽然甜但一点也不腻，配合着中间层的淡奶油和下半部分的黑糖味寒天啫喱，吃起来非常有层次感。淡奶油口味不如上层慕斯甜，缓和了味觉，黑糖寒天啫喱则在口感上发挥了巨大作用，抵消了慕斯和奶油的绵密口感。

7-Eleven 麻花甜甜圈

甜甜圈算是 7-Eleven 便利店的经典商品之一了。传统的日式甜甜圈的做法是把面包做成环状再经过油炸后沾上糖霜，但由于环形的甜甜圈不太好入口，吃的时候总是沾到脸颊上，对于化了妆的人来说非常麻烦。这种长条形的甜甜圈其实和普通甜甜圈的味道是一样的，但是由于很好入口，吃起来就会非常方便。兼顾了传统甜甜圈的风味，又避免了入口时的狼狈，面包软糯可口，糖霜也很细密，将其作为早餐或下午茶是一个非常不错的选择。

7-Eleven《最后的菜谱》合作款蛋包饭

二宫和也主演的电影《最后的菜谱：麒麟之舌的记忆》中出现了可口的蛋包饭，在电影上映之时，7-Eleven 推出了同款。加入鸡肉、火腿、青椒、蘑菇等食材制作的法式烩饭，盖上松软厚实的可口蛋皮，淋上弥漫着香味的法式肉酱汁，光看图片都会令人垂涎三尺。偶像效应加上期间限定的原因，这款蛋包饭从上市起就大受欢迎，成为那段时间的人气之选。

万圣节限定 一口南瓜巧克力芝士蛋糕

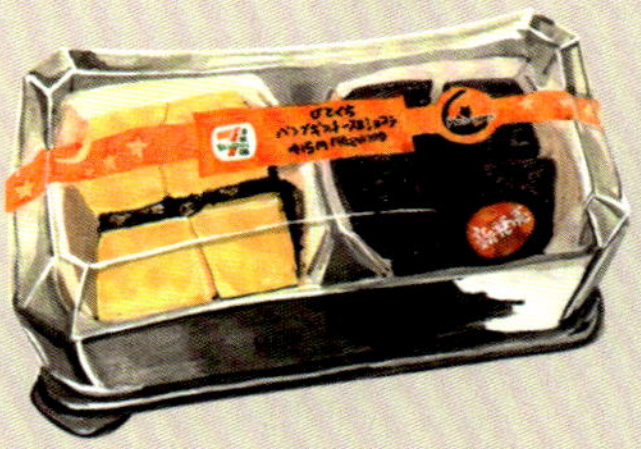

日本是个非常有季节感的国家，人们极为在意“应季”这件事。便利店也时常推出一些季节限定或者期间限定商品。这款甜品的芝士块有着浓厚的南瓜味，巧克力芝士也很浓郁，不过分甜腻，甚至有些微苦，和南瓜芝士的甜味刚好互补。

7-Eleven 三色丸子奶油善哉

三色丸子和善哉都是日本的传统甜品，传统的三色丸子是用竹签串在一起食用的，而善哉则是日本新年时的固定甜品之一，关东地区习惯将红豆熬煮成馅再配上丸子，而关西地区则喜欢煮成红豆汤再放入年糕。奶油和红豆馅作铺垫，上面放上可爱的三色丸子，既好吃又美观。

万圣节限定 南瓜巧克力曲奇

三分之一手掌大小的曲奇，配一杯茶，刚好治愈繁重的学习或工作所带来的疲惫！可爱的南瓜造型让人感受到了节日的气氛，“Trick or Treat！”（不给糖就捣蛋）当你被小朋友围起来的时候，给他们一人发一个可爱的曲奇，应该能让他们心满意足吧！

炒面面包

炒面面包是校园动漫里出现频率较高的面包之一，外观看起来像黑暗料理，但是尝试一次就会知道它的美味。日式炒面的微甜口味配上有嚼劲的面包，无论是否加热，都非常美味。它的价格还十分公道，仅需约人民币 8 元左右。

Chocola BB 抗疲劳饮料

对于经常熬夜或者生活不规律的人来说，功能饮料应该是必备的：它不但可以补充胶原蛋白及维生素，让皮肤状态看起去好一些，而且还有提神的作用。Chocola BB 的胶原蛋白饮品是非常受欢迎的商品，很多年轻人进便利店都会顺手拿一瓶。当然，味道肯定不如普通的甜饮料，但是对身体肯定是好的。

三得利 微醺水果气泡酒

便利店总有一个角落出售酒类商品。想要缓解工作之后的疲劳，水果气泡酒是不错的选择。

这是日本销量最好的果酒之一，度数不高，很适合女生喝。它还有各种口味可供选择，白桃味、葡萄味、酸奶味、蜂蜜柠檬味等口味都有着很高的人气。每个季度的限定口味也非常好喝。由于限时供应，所以销量也特别高。

全家 café 巧克力奶昔

外国人大概很少会注意到冰柜里放的这些像冰激凌一样的杯状饮品吧。从冰柜里取出一杯冻好的巧克力原料，交给收银员，收银员收款后便会帮客人拿掉盖子，客人自己拿着杯子，将里面的巧克力冰捏碎，再加入咖啡机里的热牛奶，用吸管搅拌均匀，一杯巧克力奶昔就这样调制好了。既新鲜又美味，还非常便宜，加上有趣的自助式做法，使这款饮品深受民众喜爱。

7-Eleven 半熟鸡蛋

除了熟食，便利店还出售一些简单的食品半成品，比如仅鸡蛋就分为半熟煮鸡蛋、温泉蛋和生鸡蛋三种，供人根据需要选择。7-Eleven 的半熟鸡蛋很好用，早上可以直接用来当早餐，当然，它还是豚骨拉面的最佳伴侣。另外，鸡胸肉、沙拉菜包、沙拉酱等等，也都在便利店随时供应，很多忙碌的上班族都会买一些半成品回家，用锅具或微波炉加热再自己调味就可以食用了。

关东煮

国内的便利店也有关东煮，但是日本便利店的关东煮多只在秋冬季节限期提供。除了常见的肉类制品以外，还有萝卜、牛筋、豆腐年糕袋、魔芋丝、炸豆腐、鸡皮等，品种多样，当然也绝对美味，秋冬季节买一碗关东煮吃，既充饥又温暖。

明治酸奶

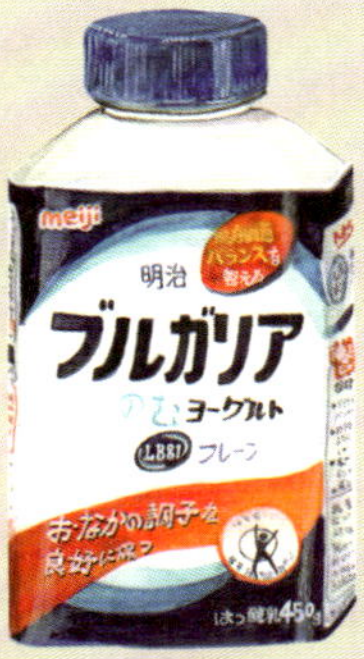

甜品调剂着我们的生活，而健康的身体支撑我们的生活。除了多样的甜食，健康饮品在便利店当然也必不可少：乳酸菌饮料、酸奶、维生素饮品、胶原蛋白饮品，各种健康饮品摆满了便利店的货架。明治酸奶也是顾客们常买的健康饮品，吃过晚饭休息一会儿后，倒小半杯酸奶喝，可以增加肠胃动力，促进肠胃蠕动。

安纳芋蛋挞

安纳芋是日本特有的红薯品种，各种甜品品牌经常用当季的素材来制作美味食品。这是一款日式和西式结合的甜品，日本特有的安纳芋配上西式甜品蛋挞皮，上半部分软绵绵的，下半部分的蛋挞皮又有点酥脆，冬天吃上一口总是让人心情愉悦。除了蛋挞，便利店还摆着安纳芋口味冰激凌，甚至还有安纳芋口味的芝士蛋糕！

极润旅行护肤套装

除了食品，便利店里也有很多生活用品出售。从洗洁剂、毛巾，到橡胶手套、一次性纸碗，甚至急救绷带、创口贴、针线包，几乎所有生活用品，你都能在便利店找到。像这样的化妆品便捷套装，对于出门旅游或者忘记带护肤品的人来说，是十分便利的选择。套装包含了卸妆水、洁面乳、化妆水、乳液和一枚面膜，十分齐全。

红鲑鱼饭团

几乎每家日本便利店都有鲑鱼饭团，肚子饿了的时候，便利店里的鲑鱼饭团是绝对不会出错的美味食物。特制的酱汁混合香软的米饭，每一口都有鱼肉的香味。就连不爱吃鱼的人也一定会因为鲑鱼饭团而变得爱吃鱼！

KIRIN
氷結
STRONG
お酒
SUNTORY
Asahi
STYLE FREE
糖質0
のどごし〈生〉
金麦
Premium
KIRIN BEER
CLASSIC
PREMIUM
MALTS
YEBISU
Suntory Highball

パンクIPA
400円
インドの青鬼
267円
水曜日のネコ
267円
僕ビール、君ビール。
267円
信州浪漫
BEER
こしひかり
越後ビール
新潟キャラクター
こしひかり
越後ビール
IPA
Raspberry Ale
Melon Ale
お酒
Corona
Extra
Sauza
Cooler
ZIMA
SMIRNOFF
ICE
NIPPON
MIX
Wolf
Wolf
ウルフ・ブラック
324円

NATURAL LAWSON
エスニック
スパイシー
アーモンド
ALMOND
Hot & Spicy
Coriander
NL ジンジャー&ゴジベリー 40g
¥480
(税込 ¥518)
NATURAL LAWSON
エスニック
スパイシー
アーモンド
ALMOND
NL クランベリー&タイガーナッツ 40g
¥480
(税込 ¥518)
NATURAL LAWSON
素焼き
アーモンド&小魚
ALMOND&FISH
NL有機バナナチップ&チョコドロップ 40g
¥390
(税込 ¥421)
BROWN SUGAR 1ST.
Organic
Ginger & Goji Berries
BROWN SUGAR 1ST.
Organic
Cranberries & Tiger Nuts
BROWN SUGAR 1ST.
Organic
Banana Chips & Choco
NLアスザックかむカムこんにゃくいか 10g
¥150
(税込 ¥162)
ドライ
こんにゃく
チップ
かむカム
こんにゃく
ホタテ味
燻製いか味
梅カム
こんぶ
UMEKAMU KONBU
梅と塩

乳酸菌入り 200億個 配合
YOGURT ALMOND
乳酸菌ヨーグルト味
アーモンド
YOGURT
写真はイメージです。
Dried Vegetable
素材の風味を生かし、
食べやすく仕上げました。
ジンジャー
KYOBITSU FOODS CO., LTD.
パリッと香ばしい
ごまこん
NL オーガニックホワイトチアシード 45g
¥390
(税込 ¥421)
NL サングリーン クランベリー
¥169
(税込 ¥183)
¥169
¥183
BROWN SUGAR 1ST.
Organic White Chia Seeds
Dry Fruits & Nuts
CRANBERRY
クランベリー
'18.04.21
Dry Fruits & Nuts
LULU DATE
ルルデーツ
'18.04.21
カンロ まるごとおいしい干し梅 24g
¥168
(税込 ¥181)
¥122
¥132
¥120
(税込 ¥130)
KANRO
種ぬき
まるごとおいしい干し梅
KANRO
三陸産わかめ使用
茎わかめ
梅
シャキッ!
三陸
茎わかめ

NATURAL LAWSON
ぷるんぷるんなブリュレパンケーキ
要冷蔵
ぷるんぷるんなブリュレパンケーキ
要冷蔵
愛媛県産紅まどんなと
ルビーグレープフルーツの杏仁豆腐
ハンドタオルセット
プレゼント
NL 愛媛県産
紅まどんなルビ
GFの杏仁豆腐
¥398
(税込 ¥430)
20
20
20世紀
21世紀

ぷるんぷるんなブリュレパンケーキ
要冷蔵
愛媛県産紅まどんなと
ルビーグレープフルーツの杏仁豆腐
ハンドタオルセット
プレゼント
キラキラ輝く
フルーツが主役
紅まどんなの
杏仁豆腐
本体価格 398円
（税込430円）
紅まどんなは愛媛県産！
果汁が多くとろける食感が特徴
NATURAL LAWSON
空いろ
あんろーる

这才是让人爱不释手原因：
便利店产品中的“卡哇伊”元素

目がない原因はこれだ：
「カワイイ」コンビニ商品

森井yuka / text & photo
西瓜糖 / translate & edit

我在 20 世纪 60 年代修建的多摩新城长大，
所以第一次踏入便利店已是高中毕业，
相对其他人来说，已经非常晚了。
多摩新城在开发的时候，
就已将专卖店、超市等规划在内，
所以建成后很少再有店铺在此开业。
那时候，除了餐饮店，
几乎所有的店铺都在晚上 7 点就打烊，
但电视上却总是出现 7-Eleven
“从早上 7 点营业到晚上 11 点”的广告，
学生时代的我不由得对此心生向往。

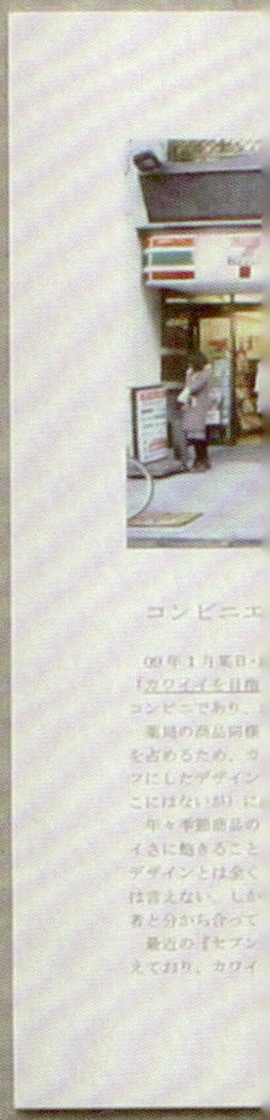

a.“卡哇伊”祭坛

特集　便利店全解读

便利店与我的生活

1987 年，便利店已遍布日本大街小巷，24 小时营业的方式也已普及。这一年我从老家搬出来，开始插画师的工作，经常工作到深夜。肚子饿或者缺文具的时候都会去便利店，不知不觉中，便利店竟成为了生活中必不可少的一部分。也是从那时起，我越来越频繁地去国外旅行。比起便利店数量快速增长的亚洲，英国、法国这些欧洲国家在那时却丝毫闻不到便利店的气息。晚上在酒店，偶尔会想要做些创作，需要美工刀和浆糊，但周围的店铺却早已打烊，也没有便利店，于是不得不放弃。那时候经常丢下东京还未完结的工作出去旅行，所以也感受到了自己与便利店的密切联系。尽管现在便利店在欧洲仍不常见，但我的工作多数都已能通过电脑完成，那种不自由感也几乎没再出现过。但每当想起在陌生的罗马街头找美工刀的情形，还是觉得很怀念。

每次搬回东京，周围都会有新的便利店开起来，现在只随意一数，就能在事务所附近数出 7 家便利店。不管是上班买喝的，还是半夜和早上选吃的，算起来，我基本上每两天就会去一次便利店。诚然，多买一点放着慢慢用会更经济实惠，但“做出与当下心情相符的选择”也同样重要，虽然只是很琐碎的需求，但便利店提供的丰富商品却能将其满足，赋予生活活力。

虽不怎么售卖生鲜食品，但便利店却总会不断推出新的季节限定商品。就算没有明确的目的，但去到便利店就会有新的小发现，这也是人们在不知不觉中就踏入便利店的原因。所以对便利店来说，商品的不断更新也十分重要。2000 年左右的时候，我采访了一位住在日本的英国人，当问到他为什么要移居日本的时候，他回答说“因为有便利店”，这应该也并非玩笑话。

“卡哇伊”研究的开端

仔细想来，我与便利店关系最密切的时候，应该还是 2010 年左右读在职研究生期间。我就读的是东京造形大学的设计专业，并在此期间做了一项名为“日本人的‘卡哇伊’是什么”的研究。我的本职工作是企业与商品的形象设计，从在母校担任形象设计的讲师起，我就开始收集、分析世界上可爱的日用杂货，并将其整理成书。不管是自己主动，还是因为工作被动地去做，这些工作内容全都围绕着“卡哇伊”展开，于是我逐渐萌生了研究“卡哇伊文化”的想法。与我同年级的同学大都比我年轻，我有时会与他们一起组成小组做课题，每天都过得快乐又充满激情。

经过两年的调查研究，我终于发表了自己的研究成果。在这些成果当中，有一项是“在便利店购入‘卡哇伊’主题商品，将它们摆成祭坛”。那时候，英文中也出现了“KAWAII”或“CAWAII”的表示形式，“卡哇伊”概念开始成形，并突破亚文化的圈子，成为支撑日本经济的重要元素。

“卡哇伊”就像是活物一般，既具有普遍要素，又在不同的时代中有着不同的侧面。不管是收集“卡哇伊”物件，还是与他人同时说出“好卡哇伊啊”时那种心灵相通的感觉，或是将买到的“卡哇伊”物件分享给他人，这些都像是某种难以言明的信仰，因此我忽然萌生了将其作为崇拜对象来呈现的想法。

b.c.“卡哇伊”祭坛

Torys
HELSEA
THE ESPRESSO
甘酒
パイの実
ビスコ
MINTIA
Meltykiss
Meiji
Pistachio
燕 印

b.

Palty
FRESH LIGH
SARA·LiE
Beauty Soap

c.

我所做的“卡哇伊”祭坛

某一天的某个时刻，我去到一家便利店，不考虑设计品质，将觉得“卡哇伊”的商品一口气全买了回来。“卡哇伊”有三大要素：色彩呈暖色调、形态小巧且没有棱角，以及只有在特定时刻才会出现的“空虚感”。便利店中的很多物品都会被重新设计与呈现，以满足其中两到三个要素。

色彩对于“卡哇伊”来说十分重要，红色、粉红、橙色等暖色温和且不具攻击性，给人一种平和的感觉，浅米色、浅黄色、浅绿色也经常被作为象征“卡哇伊”的颜色来使用。这项研究发表不久，迪斯尼的动画电影《冰雪奇缘》就成为了热门，而电影中大量使用的淡蓝色如今已与粉红色一样，成为“卡哇伊”的代表性色彩。

在祭坛正中间，摆放着亮闪闪的粉红色与绿色指甲油。它们本来只是单纯的日用品，但因为看起来很可爱，所以被摆放到这里，成为了一个想与他人分享的展示品。祭坛右边一点的淡蓝色和粉红色的小袋子实际上是卫生巾，这种在从前必须要藏起来的东西，却因为小巧的包装与“卡哇伊”的配色，而变得就算被看到也无所谓。

“卡哇伊”形态的特点是没有棱角、小巧。人们在看到类似于小动物或者婴儿这种需要被保护的形象时，往往就会产生“卡哇伊”的感觉。为了将物品摆上货架，便利店往往会将物品大小进行调整，而它们一旦变小，“卡哇伊”的感觉又会被进一步加深。

祭坛正中间，摆放着只有便利店才能买到的蛋黄酱。这款蛋黄酱的瓶盖大小虽然没什么特别，但瓶身却格外小，用几次就能被用完。根据蛋黄酱“马上就要使用，却用不到太多”的特点而设计出的小巧瓶身，加上去掉外包装后显露出来的蛋黄酱本身的奶油色，一种高完成度的可爱感就这样被营造出来。祭坛的右边摆放着 Tirol 巧克力，这些巧克力的口味、造型全都是便利店限定，除了外形可爱，价格也很便宜，买一盒也不会对总支出有太大影响。很多人买这种巧克力都不是为了自己吃，而是选择将它送人。而后来的研究也表明，“价格便宜”对于年轻人来说也是“卡哇伊”的一个重要元素。

“卡哇伊”并不只是对物品的描述，它是一种一个人无法把控的东西，人们只有通过分享它来引起共鸣，从而获得满足。“卡哇伊”的“空虚感”主要表现在季节限定商品和印有可爱形象的商品上，这些产品都是只有在特定时间才会遇见。“如果现在不入手，之后就再不会遇到了”的这种想法会进一步刺激人的购买欲。令人不可思议的是，这些角色一旦被赋予人格，人们就会产生一种“就当是为了它买下来吧”的献身精神。研究发表之后，为了完成毕业作品，我去了一个五口之家拍摄他们所有的物件，并统计他们有多少“卡哇伊”的物品。结果，这家的三个小朋友竟然就有 9 个印有可爱形象的便当盒，着实让我惊讶。他们的妈妈解释说，“因为太可爱了，所以舍不得丢掉”。

祭坛中，右前方摆放的是附赠“星际宝贝”和“面包超人”周边的小饼干。“周边”其实是全世界都共通的、不需要说明的“卡哇伊”物品，有没有都无所谓，而这才是最极致的“虚空”。这些商品被摆放在相对较矮的货架上，以便被小朋友们看到。同时它们的吸引力也并非局限于小朋友，就连大人们也难以不对它们动心。那时正是冬天，所以仔细一看，你会在祭坛中发现很多草莓限定商品。草莓又小又圆，又是暖色，这些都与“卡哇伊”的条件完美契合，同时，它不仅是冬季主要的限定系列主题，而且一直以来都是服装、饰品等的设计中必定会用到的主题。对于便利店来说，这样的主题没有理由不用。便利店更多是为了提供便利，但跳出这个局限来看，它同样也提供娱乐：很多人就算没什么事，也想要去里面逛逛。这时候，“卡哇伊”就成了便利店不可或缺的元素。而不管从规模大小还是商品更新来看，便利店都具有很高的舒适性与亲和力，这种环境也十分适合“卡哇伊”的物品。

因为工作，我逛遍了世界各地的超市与便利店，相比其他国家，日本便利店中“卡哇伊”物品的数量还是遥遥领先。以后经过便利店时，我也会继续观察“卡哇伊”这种有趣又不可思议的文化。“在上班路上进去买个喝的，夜间进去购物”，我与便利店这样的关系或许也会像往常一样继续下去吧。

森井 yuka

立体造型家兼杂货收藏家。毕业于桑泽设计研究所，东京造型大学硕士。主要研究黏土造型设计与各种日用品。代表作“超市迷”系列（讲谈社）。2018 年 1 月出版《旅行、杂货与设计》（钻石社）。www.yuka-design.com

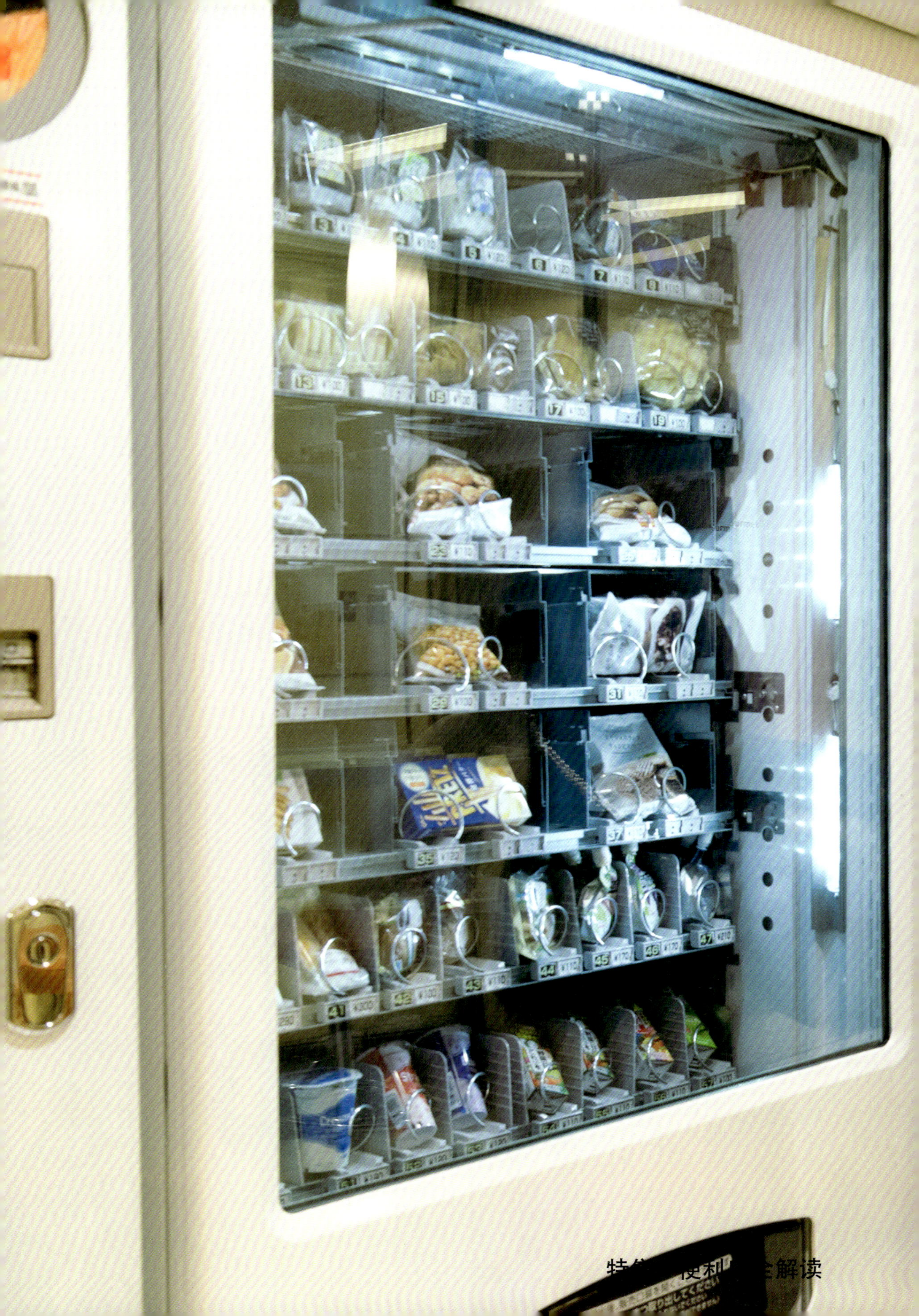

FamilyMart
安心とおいしさを
毎日お届けしています。
FamilyMart
View Type e

便利店新形态：自贩机便利店

コンビニのもう一つの形：自販機コンビニ

堀内庆太郎 / photo

几十年间，便利店如潮水般迅速涌入日本街头，覆盖到日本的每个角落。

在人口稠密的城市，便利店的增多也伴随着它扩张空间的不断紧缩。

新型便利店“自贩机便利店”（自販機コンビニ）顺势出现。它们被放置到办公楼、公共场所休息区等无法开设传统便利店的地方，等待那些匆忙的上班族经过、停留、购买，缩短他们与商品之间的距离，并为他们的生活穿插进某些新的元素。

2012 年，全家首次推出“自贩机便利店”，到 2017 年的短短 5 年间，数量就增加了近 3 倍。罗森、7-Eleven 紧随其后，在 2017 年陆续推出无人便利店和自贩机便利店。

区别于只售卖饮料类商品的自动贩卖机，“自贩机便利店”增加了饭团、三明治、面包甚至零食、日用品等多种多样的商品。

不管是在高层建筑，还是公共场所，在未来的日子里，“便利”这个词还将不断被突破，你与便利店之间的距离还将继续缩短。

空间利用的极致：便利店布局与商品陈列

究極な空間利用：コンビニの配置と商品陳列

西瓜糖 / text
望川 / illustration

12
8
2
10

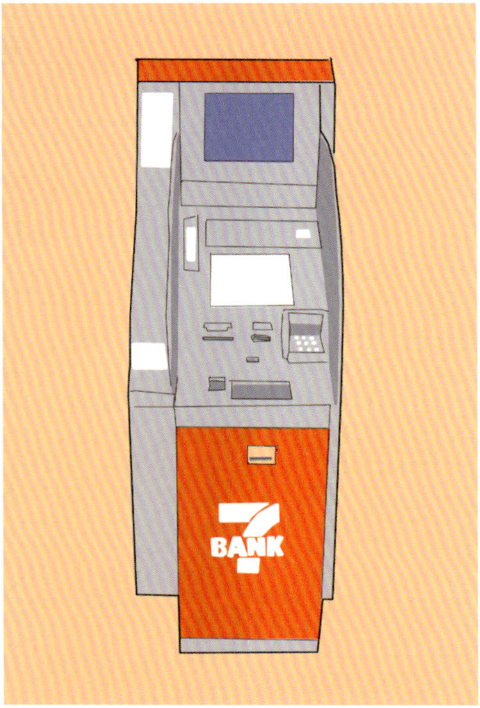

12 个去便利店的理由

1 打印、复印、扫描、传真、购票

便利店中的自助复印机除复印以外，还兼具扫描、传真、打印文件与照片的功能。一些便利店还将自助购票机与复印机合并，你能同时在这台机器上购买各种演唱会与体育比赛门票、电影票及旅游观光票。

2 现金取款

日本的大部分 ATM 机在周末和晚上都会关闭，但设在便利店的 ATM 机却是 24 小时营业。有银联标志的银行卡还能在 ATM 机上按当日汇率兑换日元。

3 使用 Wi-Fi

多数日本便利店都提供 Wi-Fi 服务，但需要登陆会员帐号或者下载 App。

4 买杂志

在便利店的书架上，你能找到最新的漫画、时尚、体育、生活信息等各类的杂志。售卖成人杂志也是日本便利店的一大特色（这在日本有着巨大的争议）。不过为了防止高中生等长时间地站在书架前阅读漫画杂志，多数便利店的书架前都贴着“禁止站读”的提示。

5 使用洗手间

日本的便利店多附带洗手间，这也成为了人们的“公共卫生间”。但也有少数便利店中的洗手间仅提供给店员使用，所以在没有“自由使用”标示的情况下，进洗手间之前最好先告知店员。出于礼貌，使用之后可以在便利店消费。

6 邮寄

日本便利店代理的快递品牌中，黑猫宅急便最为常见。7-Eleven、全家、Three F、poplar 等便利店都代理该品牌的快递。另外，收银台旁边大多会设置邮筒，你也可以在便利店购买邮票或明信片，投递到邮筒里面。

7 衣物送洗

洗衣店不提供 24 小时服务的市场空白由便利店填补。你只需要填写确认书，将衣物放进洗衣袋，再存放进便利店的柜子，几天后就可到便利店取回洗净的衣物，既方便又省时。

8 购买常见药品

日本的便利店也出售一些常见的非处方药，像止泻药、感冒药、提神药、眼药水等药物都可以在这里买到。

9 买咖啡

日本便利店的咖啡有着极好的口碑，同时购买也很方便，所以很多人去便利店消费时都会顺便买一杯咖啡。在一些便利店买咖啡会有店员服务，另一些便利店则需顾客使用自助咖啡机自己做。

10 缴费

日本的互联网缴费系统并不像中国这么发达，但遍布各地的便利店却会协助所在地区收缴电费、税费、燃气费、保险费、通信费等。

11 购买食物、饮料

除了常见的食物，便利店货架上的食品里最受欢迎的莫过于它推出的各种限定商品了。顾客格外钟情于这些限定商品，很多限定商品也会成为便利店的畅销商品。

12 就餐

就餐区在中国的便利店也很常见，但日本便利店的收银台下面，通常都设有洗手台，可供顾客在就餐前后使用。

一家便利店俨然就是一座微型商场，你既能在这里填饱肚子，又能买到日常生活必需品，甚至还能阅读杂志作为娱乐。便利店的空间并不大，但这极其有限的空间却被利用到了极致。

多数情况下，便当货架会被设在便利店的入口对面，与甜点、沙拉等小型副食的货架相邻，再往前走依次是冷饮柜、杂志架。这样的布局可以从顾客的消费习惯当中得到解释。

便利店人流高峰集中在午餐与晚餐时段，这时候到便利店的顾客多以填饱肚子为目的。购买便当是顾客的首要目的，所以顾客进门看到便当货架后便可直接走向货架；放在便当货架旁边的甜点、沙拉这一类小型副食很吸引眼球，选完便当后，多数人会在中间挑选一两样；购买便当的同时，捎带一瓶饮品也是很多人的选择；饭后还可以阅读杂志作为娱乐；收银台与出口相邻，在结完账后便可直接出店。

这样的布局，正好在便利店内形成一个回转的流动路线，在便利店的消费高峰期，顾客会自然地按照这一条回转流动路线往前走，而不至于因为找商品而来回走动，引起拥堵。同时这样的流动路线的设计也会让原本狭窄的便利店看起来相对宽阔。

就餐时间过后，会有顾客开始往与回转流动路线相反的方向走动，这时候便利店的通道宽度必须保证顾客有足够空间来选择商品。考虑到空间的有限性，便利店通道的宽度多设置在 1.5 米左右，刚好为背对背的两个人同时选择商品留出相应的空间。而在收银台面前往往有更多人站立，所以一般宽度会设计在 2 米左右。

为了让顾客能在便利店有更多的消费，便利店货架商品的摆放同样也经过深思熟虑。一般来说，便利店的货架高度都会设置在 1.8 米到 2 米之间，其中 1.3 米到 1.5 米的范围被称为“黄金范围”。1.3 米到 1.5 米的范围正好是大多数人人眼直视高度的范围，摆在这个范围中的商品更容易被顾客看到，也方便顾客拿取，所以便利店的畅销商品往往都摆放在这一条“黄金范围”里。另外，便利店还往往将不起眼的小件商品与力推的商品放在这个范围中，从而引起顾客的注意，引发他们的购买欲望。小朋友的“黄金范围”会比大人低一些，所以，以小朋友们为目标群体的玩具、零食等往往会被放在 1.3 米左右高度的区域。

便利店收银台旁边摆放的多是一些特价商品或者口香糖、巧克力等，这些商品体积小、消耗快，同时价格也不高。顾客在收银台前等待结账时，会扫一遍周边商品，看看有没有遗漏，有很大的概率产生冲动性消费。

便利店沿街一面的透明玻璃墙也经过了精心设计，以便顾客从街边路过的时候能清楚地看见店里的情况。杂志架刚好设置在玻璃墙背后，如果有人站在杂志架前阅读，就会给人一种“有人气”的感觉。特别是在深夜，加上便利店明亮的灯光，这种效果就更为明显。

Torafu 建筑设计事务所：便利店空间的新定义

トラフ建築設計事務所：コンビニ空間の新定義

ICHI \ text
陈鸣 \ edit
阿野太一、ICHI \ photo

2017 年 5 月，以社会化（Socializing）为主概念的设计酒店 Trunk Hotel
在日本东京涩谷区神宫前正式开业。
正如“社会化”的概念——“要带有自我的意识与目标生活在社会中，
过忠于自己的生活”所阐述的一样，
该酒店从环境（Environment）、地域优先（Local First）、多样性（Diversity）、
健康（Health）、文化（Culture）五点出发，
在客房、大堂、餐厅、展厅、便利店的设计中充分体现了其理念。
其中，由 Torafu 建筑事务所所设计的 Trunk Store 让我们看到了便利店新的可能性。

a.
Trunk Store

Trunk Store 是一个出售用再生材料制作的日用品、本地产品，
以及有机食物等的概念型便利店。
它不仅延续了日本人日常生活中所使用的普通便利店的风格，
同时对过度生产及大量废弃的社会问题也提出质疑，
将视线着重放在少量生产的工业制品及日用品上。
例如“涩谷区蜂蜜采集”活动中所采集到的蜂蜜，
以及日本第一个由支援残障者自立就业协会所创建的巧克力工厂生产的巧克力等，
都是 Trunk Store 所出售的商品。
在日本，便利店是人们生活中不可或缺的一部分，
它为人们提供着更便捷的服务。
在人们基本生活需求已经得到满足的当代日本社会，
便利店也将随着文化及环境的变化而不断改变自身的定义。

b.

Trunk Store 外观

Interview

铃野浩一

1973 年生于神奈川县。与设计师禿真哉于 2004 年创立 Torafu 建筑设计事务所。以建筑设计的思考方式为基础，参与室内装饰、展览陈列、产品设计、电影制作等多个领域。主要作品有“模板”、“空气之器”、“光的织机”、Trunk Store 等。其中“光的织机”被评选为埃里达设计奖最佳奖，“空气之器”被蒙特利尔美术馆永久收藏。

知日：能告诉我们你和禿真哉成立 Torafu 事务所的经过吗？

铃野：禿真哉是我在 Coelacanth K&H Architects 设计事务所工作时的晚辈。日本的建筑界并不大，所以我们曾在一些活动中打过照面。第一次共事是通过我的一个大学后辈介绍的，当时他在为目黑区的 CLASK 酒店做企划，先找到了我做设计。但我当时还在之前的公司工作，所以提出需要一个人来帮忙。当时刚好听说禿真哉开始自己创业，于是我便打电话给他，他也爽快地答应过来帮忙。接着我们就决定一起做这个项目了。

后来因为这个项目大获好评，我们又被这家酒店委托设计他们的屋顶空间。我们觉得既然一起做了这个客户的项目，那么他们的新项目也一起做吧，于是又接下了这个屋顶空间改造的项目。所以真的是很自然地开始一起做项目。这刚好是 2003 年，CLASK 酒店刚建好的时候。

知日：那么请问是什么时候开始打算成立一个事务所的呢？

铃野：一开始的酒店项目需要制作一个网页，并列出参与项目的制作者名字。然而我们当时并没有名字，便被要求取一个名字。于是我们用一周的时间，想出了“Torafu”这个名字。这个名字也因此成为了我们事务所的名字。所以其实可以说事务所是在第一个项目的进行中成立的吧。

知日：可以解释下这个名字的含义吗？

铃野：最初我们想用“建筑设计事务所”来命名。但是这几个字眼听起来十分生硬，所以我们想加上不带意义的三个音节来让它听起来更柔和，并且不想被词义所束缚。当我们组合到“Torafu”的时候，发觉它听起来既像“豆腐”(tofu)的发音，也如同“豆腐”一般让人感觉轻松柔软，于是便将这个发音与“建筑设计事务所”结合起来，组成了“Torafu 建筑设计事务所”，这可以说是一个通过发音来决定的名字。

知日：制作 Trunk Store 的契机是什么呢？

铃野：Trunk Hotel 的企划公司在制作酒店空间时，试图加入各种元素来完成整个酒店的空间规划，比如酒店大堂采用了很多木头的元素。而在便利店的空间里，则想要使用一些不一样的元素。于是他们在酒店的所有空间设计即将完成的时候，找到了我们。

『便利店是一个能让人在日常的生活中轻松出入的场所。』

C.

Trunk Store 内部

知日：也就是说店里的商品，Torafu 也都参与了策划对吗？

铃野：是的。我们与酒店的企划公司一起策划，一边考虑需要放置怎样的商品，一边思考如何放置它们。

在素材的选择方面，我们使用正常尺寸的成品货架来制作空间。本身只是在仓库使用的、不为人知的货架，通过稍微的改造，既成为了这个建筑的墙，同时也成为了建筑的结构柱与横梁。由货架组成的空间也是一个独立存在的空间，它可以被放置在任何地方。而它被放置的区域，也就变成了一个新的店铺空间。极端地来讲，即使去掉周围黑色的外墙部分，整个店铺也是成立的。而且在货架与货架的衔接方面，我们并没有使用任何焊接的方式，而是采用最大尺寸的成品货架进行衔接。既然是货架，那么高度便是可以自由调节的，而这个空间也是如此，使用者可以根据自己想要放入的物品大小及使用范围自由地移动货架及搁板位置。

知日：实际到店里时，发觉店铺里使用的荧光灯与天花板的感觉非常特别，请问荧光灯是特制的吗？

铃野：不是，荧光灯使用的是随处可见的一般荧光灯。空间的天花板没有进行任何修饰，所以建筑所使用的材料直接裸露在外，并且我们将荧光灯直接接在了这些材料上。如刚才所说，构成空间的主要材料——货架也是一个相较而言不带装饰性的素材。因为是设计一个便利店，所以我们认为不需要太多装饰性的物件，希望让人们感受到商品的多样性。对于便利店来说，比起店铺的装修，它更需要的是丰富的商品种类，这样人们才能感觉到便利店的便捷性。便利店里出售的商品也都与其概念“社会化”相符。

知日：请问便利店里使用的垃圾桶也是 Tofaru 特别设计的吗？我们看到实物时发觉使用的材料很特别。

铃野：是的，垃圾桶所使用的材料是一个很有趣的叫作“RIFMO”的材料。在接到这个项目时我们就想过在设计中融入再生材料。而这种材料正是利用废弃衣物或布匹压缩固定而成，所以它从外表上看起来像布艺制品一般柔软温和，但实际触摸时却非常结实。这种材料也被用于制作轮船甲板。

知日：当找到一种新材料时，使用起来会非常困难吗？比如在这次的项目中所使用的“RIFMO”，在用于制作时有

什么不便之处吗？

铃野：我们一直都在探索最新的材料，尝试使用新材料。在这次项目中使用的“RIFMO”也是这样，我们一边查询它的特性，一边探索它存在的可能性，然后设计可以以它为原料来制作的物品。在这个项目中，不仅是垃圾桶使用了这种材料，它也被用于制作放咖啡的小吧台。服务员做好咖啡后可以放在吧台上，方便顾客拿取，既实用又非常可爱。

知日：提到便利店，我们一般只能想到全家、7-Eleven 等这些大众的便利店。这次的 Trunk Store 不管从外观还是内部都与一般的便利店有很大的区别。请问是特意制造了这种区别感吗？

铃野：与其说特意与普通的便利店显得不同，不如说是想要保留普通便利店

Torafu 建筑设计事务所代表作品

CLASK ▲

2004 年

2003 年，东京目黑开设了一家名为“CLASK”的酒店，2004 年，Torafu 为这里的客房进行改装，将这家酒店变成了一家艺术酒店。

▶ 港北住宅

2007 年

港北住宅位于横滨高台，住宅的筒形屋顶远看就像是聚集的藤壶。这样的设计既达到了采光的目的，又使得从相邻建筑物中无法直接看到住宅内部，从而保护住户的隐私。另一方面，住宅的室内使用了折印状的棱线，空间因此变得更具柔和感，墙面刷的是白漆，以此衬托出光和影的变化。

◀ 空气之器

2010 — 2017 年

像包裹着空气一样可以自由变换形状的纸器。

d.

的特征。对于我们来说，便利店是一个能让人在日常的生活中轻松出入的场所，而不是一个让人因未知而难以进入的空间，所以我们才在选材方面使用一些类似于货架这种生活中可见的工业成品，进而让人产生一种熟悉的感觉。所以当初在设计时，并没有想过将这个空间设计成一种非日常的环境，反倒是希望空间中所使用的材料是随处可见的，这样才能使进入或者试图进入这个空间的人感到安心。因为是便利店，所以我们在灯光设计中也下了功夫。我们以设计出一个明亮的、能让人感到轻松的场所为原则，选择了与普通便利店灯光更为接近的灯光色系，同时，为了使其与酒店主要采用的暖光源形成对比，最终选用了冷光源。

知日：请问您对便利店之后的发展有什么看法？

铃野：我因为工作关系经常去澳大利亚，那里的便利店和日本的完全不一样。同样是 7-Eleven，澳大利亚的 7-Eleven 却几乎只卖甜食。每当这时，我就会感觉到日本便利店产业的发达。日本的便利店可以使用 ATM 机、可以收发快递，可以购买各种门票，还提供打印服务。

我认为之后便利店的形式也会逐渐变化，比如它可以结合地域特色，变得更加多样化。日本的便利店产业还有一个特征是网络化。便利店网络构成了一种特殊的物流网络，因为日本的便利店遍布全国各地，所以这种物流网络也非常发达。如果在这种物流网络上结合地域的特色，我认为便利店的网络将变得更加多样、更加强大。

知日：当我们进入到 Trunk Store 的空间时，有一种被周围巨大的货架包围住的感觉，而且在高低不一、穿插相接的货架中行走时，有一种自己忽高忽矮的错觉。据我们了解，Torafu 的作品一直以来都能让人产生这种尺寸变化的错觉感。请问这种设计方式，是否是 Torafu 所追求的表现形式呢？

铃野：是的，我们围绕着尺寸感展开过很多尝试。我们还曾在主要举办建筑设计展的画廊 TOTO Gallery Ma 里举行了关于尺度感的展览“Torafu 展 Inside out”。我们将 Torafu 至今为止制作的各种作品的模型或者材料放置在一个巨大的桌面上，用小型轨道将它们连接，并在轨道上放上装载小型摄像头的列车模型。这样，列车便能在轨道上一边行驶，一边拍摄穿越过的各式模型及材料的影像，这些影像在展览的三楼展厅同步放映。因为线路沿线按照时间顺序逐步放置着 Torafu 历年来制作的作品模型及材料，所以跟随着列车的行驶路径，观众将会看到 Torafu 所有的设计历史。而由列车的视角拍摄的影像，则会让经过的模型及材料看起来像真实建筑一般，所以这些影像便会使人产生一种自己的身体变小，并实际进入到模型中的奇妙体验。我们时常都在关注这种通过改变尺寸而产生的新体验。

有趣的是，来访者进入展厅后，先是以普通视角观赏桌面上的各种模型与材料，之后再到三楼的展厅中通过影像进入微观世界。而当观看影像之后，很多来访者又回到一楼再次观察影像中所见到的“巨大的建筑”的原型。

建筑在实际修建前，只能通过模型来揣摩其建好后的真实场景。而普通人却只能接触到最终建成的建筑物，无法体验建筑模型的微观世界，而且模型及材料也很难受到大家的重视。我们希望普通人能够通过这次展览体验到这种微观世界的乐趣。

知日：今后有考虑在中国进行创作吗？

铃野：目前的话，虽然有考虑过中国香港的项目，但中国内地暂时还没有。如果有机会的话很想参与中国内地的项目，不仅仅是建筑类，产品方面的项目也想要试试看。

如果是建筑项目，这个建筑需要修建在怎样的地区，这个地区有什么特征之类的实地考察是非常重要的。如果能去中国的话，应该可以找到很多当地特有的材料，寻到该地的特色，感觉会非常有趣。

d & e.
Trunk Store 外观

e.

在便利店工作的一天

コンビニで働く一日

穆星 / illustration

24:00—1:00

下架过期杂志，整理杂志架。

下架杂志

整理

2:00—4:00

下架过期食品

4:00—5:00

甜点补货

关东煮　包子

深夜班结束。

\ お疲れ様でした！ /
辛苦了！

7:00 白班

\ おはようございます！ /
早上好！

7:00—8:00

收银、制作熟食

三明治　面包　便当　饭团

沙拉

迅速上货

10:30—11:00

休息

11:00—11:30

补软包装饮料、整理货架、补给不足物资，保证货架前排有商品。

收银

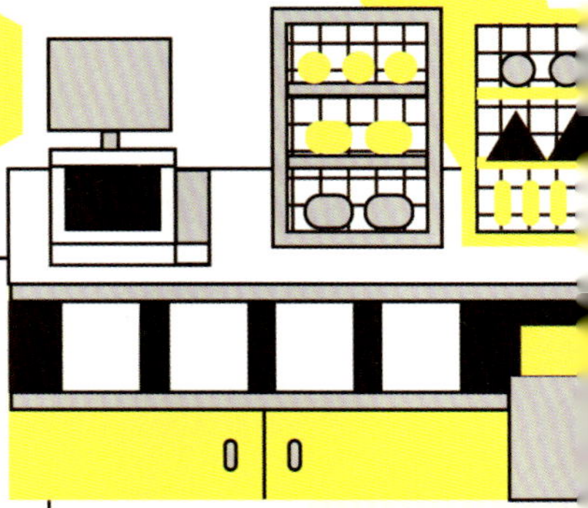

软包装
饮料

补给　整理
货架

分类
垃圾
整理
货架

顾客多时收银，不多时
整理货架、分类垃圾。

14:30—15:00

三明治　面包　沙拉
到货　便当　饭团

16:30—17:00

补货

17:00—18:00

4 小时

瓶装水　零食

补冰箱内瓶装水，为零
食方便面等补货。

22:30—23:00

到货
搬到
冷库

到货，将部分货物搬到冷库。
（软包装饮料居多）

收银
算

23:00
白班结束。

お疲れ様でした！
また明日。
辛苦了！明天见

0—24:00

结算本日
额。

工作在三丁目的便利店

三丁目のコンビニで働く

魏立云 / text
王洋 / illustration
陈鸣 / edit

ZHI JAPAN

特集　便利店全解读

超短“赏味期限”

夜，十点五十五分，离下班还有五分钟。刚刚突然来了一波客人。周五的晚上，还不到凌晨，就已经有喝得不省人事的公司职员踉踉跄跄地走进店里。“那个、那个是几号？给我一、一百八十号烟。”男职员糊里糊涂地指着收银台后面的烟柜，然后把水放在了柜台上。“只要水？接着喝啊！”说罢，一旁的社员把怀里一堆果味气泡酒和啤酒放到了收银台上。一群人又推攘着走了。

“差不多可以下班了。”我心里想着。简单收拾了下收银台，走进休息室迅速套上外套。出门前习惯性地和还在忙碌的同事们寒暄道：“你们辛苦了。我先走了。”

今天早上起得特别早，本来还挺困的，但因为早晨便利店实在太忙碌，一下子就清醒了，一直到下午一点多才感觉到有些疲惫。一般来说便利店最忙的是早晨八点到十点。我们的店常常有很多白领经过。上班前大家都会来这里买水、早饭和零食。还有中午十一点半到一点的午饭时间，买便当排队的人不夸张地说可以绕店里一圈。大家等着店员冲咖啡、热便当，看得出来每个人都挺着急的。客人一着急店员也会跟着着急。要是有经验丰富的店员在场的话，店员之间会配合得特别棒。每个人都能记清楚几号收银台的哪位客人要的什么东西，送到等待中的客人手里，从而完成高效率的工作。每完成一个阶段的复杂收银工作，就像打篮

球时，完成一串连贯的传球、运球动作，最后把球完美投进篮框，心里还有点小成就感呢。

推开店门，"嗯，是初冬的夜晚了"。十月底东京的夜晚，耳边已经吹起了凉嗖嗖的风。掂了下店里带回的装满食物的袋子，心里想着今日的份量还蛮多的，有肉类和海鲜口味的两个便当，还有沙拉和几个饭团。肚子也饿了，于是拎着店长给的这一大袋子食物小跑进了涩谷人来人往的车站。

便利店的新鲜食品上架时间都比较固定，早中晚各一次。每天的负责人会进行一天两次的食品保质期检查。在竞争十分激烈的日本便利店，即便是速食，"优良的口感"仍然能和"便捷"平起平坐，一样受重视。在汤汁里浸泡超时的关东煮会被及时捞起，里面卷着牛肉、外面包裹着海苔的三角饭团在下午五点之后就无法出售。即使他们躲过了店员的检查，也会在结账的时候无法被机器读取条形码。

日本便利店的熟食大概只有六到八小时的保质期，在我们店里，下架的熟食会被店长分给当日的员工。也有些便利店的店长规定：如果你愿意的话，可以在店里吃下架的熟食吃到饱，但不能外带回家。今天负责上架食品的同事好像出现了失误，把新的食物放在了货柜前列，这样一来，早到赏味期限的食品就被排到越来越后面，变成了最后还剩在货柜上的过期食品。有时候刮大风下大雨就会剩下非常多熟食，不过摆在门口显眼位置的雨伞或者进门处的口罩就会卖得很好。也会有那么几天特别奇怪，两三种平时还算受欢迎的口味的饭团互相约好了似的剩下来好多。

便利店的"期间限定"

东京是一个很能够感知到"季节"的城市。春天想赏樱花不用去上野或中目黑，从家门口小河边走过时就会有樱花花瓣慢悠悠地飘到肩膀上和脚边。夏天约好朋友去看各区争相举办的花火大会，然后一边吃着各种当季水果刨冰，看完花火大会再热热闹闹地去街边吃个日式炒面和章鱼烧。秋天，车站会贴满赏红叶的旅行海报。冬天的假期一到，就很想去箱根伊豆泡温泉或者宅在家围着被炉吃橘子。在便利店打工也快一年了，常常会遇见新出的"期间限定"，它们悄悄告诉我节气变更四季轮转。春天要吃惠方卷、樱饼和樱花味的芝士蛋糕。把福气卷起来吃掉，包含着人们去灾避邪顺顺利利的美好愿望。夏天的西瓜，贵得不行但是超级甜。秋天有各种各样的栗子限定商品：栗子大福、栗子饭团等等，还有藏着柿子的小点心也相当美味。中秋节前的和风糯米团子小点心，细致到包装上都印刷着今年的赏月日期。暖冬的甘熟苹果派、万圣节前每家必出的南瓜灯型的各种商品，味道也绝不输给街边精致的甜品店。"便利店的甜品就很精彩呢。"邻居老奶奶经常去搜罗新出的甜品。在日本，甜点并不是年轻人的专属，老爷爷老奶奶也很爱吃。

我的“熟人”

我的专业是摄影，所以观察身边的人变成了生活中不经意的小习惯。很多便利店的打工经历成为了我接触各种各样的日本人的最直接途径。

“今天过来结账的一位男士对我说‘请给我一百六十元’，心里想笑，怎么反问我要钱了呢，但也大概猜到了他在说‘请给我一百六十号烟’，就试探着问客人是不是要烟，结果果然不出我所料啊。他还不好意思地脸红了。”我对电话那头的女友说道。

“刚刚进罗森买了个吃的，栗子大福好好吃啊……那还有什么有趣的事情发生？”她问。

“有趣的事情吗？倒也算不上，就是今天又有人把手机落在洗手间了。这个礼拜的第四次。我刚好在那个男士出去之后进去，发现了手机，马上追出去。还好他走得不快。你知道的，借用洗手间需要和我们打个招呼的嘛，所以我知道刚刚进去的客人的模样。”在国内大家有时会去麦当劳借用卫生间，在日本可能就会去便利店了吧。每个店里最角落的地方基本都有个免费的卫生间，如果要借用需要和店员示意。所以我们也经常会在那里发现客人遗失的物品：交通卡、钱包、手机、驾驶证，什么样的都有。但基本没有发生过这些物品被别人拿走的情况，我们店员在捡到后会把它放在透明袋子里贴在收银柜台的后面，在上面标注几号几时掉的，方便失主回来找和电话询问。

“哦对了。之前有对中国的大爷大妈，进门就用中文和我说了他们要哪号的烟。然后付款的时候不太认识钱的金额，我就用中文和他说再给我十元就好。他们一脸惊讶地说：“呀！你会中文啊！”可能最近中国游客太多了吧，中国人都没有出国的感觉了。走在涩谷的街上，就算走进便利店，排在前后的总有个说中文的人。

“嗯，所以我们店里现在都可以用支付宝了，还有面向中国游客的活动。听说支付宝以后还会效仿银联卡，用银联不是有九五折的优惠吗？”

女友是美大的留学生，住在离市中心较远的地方。“当时租房中介开车带着她去看房子，她对车站到家的距离没什么概念。”后来她才意识到从车站到家要走二十几分钟，走出车站商业街的十字路口之后就是商铺和人都比较少的街道了。冬日的白天短，五六点天就黑了。有时候她下课晚了，到车站都已经夜深人静。日本的街道

太安静了，又是远离城区的小街道，“可是看到便利店暖暖的灯光会觉得比较安心”。因为胆小不安就一边和我打着电话一边走路，“已经走到商业街之后的第一家罗森了……过了红绿灯马上到全家啦……好啦好啦，快了，7-Eleven 到了”。就是这样，我就能明白她走到了什么位置。日本的便利店普遍到了什么地步，多的地方一百米就会开两三个。

在一个店里工作久了，就会发现有些人几乎每天会在同一时刻来到店里。有一个阿姨，我在上早班的时候总会碰到她。她每次只买两盒烟和一瓶水，加起来刚好是一千元。两包烟一共九百元，一百元的水，每回都会挑不一样的来买。说到烟，日本人买烟的时候会直接说编号，特别是他看到你的名牌，知道你是外国人的时候。因为烟的种类有两百多种，每种烟的毫克数也都分得很细。有很多一毫克的烟，只为了服务那些需要用烟来社交的人群。因此要全部记住它们的名字有点难度。有时候客人会只报烟名的简称，红色的万宝路会叫成“红万”(muruaka)。刚开始打工的时候因为紧张没有听清楚烟名，请求客人再说一次的时候也遭遇过不少白眼。由于便利店之间竞争激烈，熟食的品种会经常更新。如果一段时间没去打工可能就不太熟悉新品了。所以上班之前必须先弄清楚今天有没有新品上架或者旧品种下架，以免客人询问旧品种的时候找不到而干着急。好像有点扯远了？说回到碰到的客人身上吧。

有个染黄色头发的老爷爷，每天下午会来店里，每回都买一百二十七块钱的烧酒，然后一句话也不说。

有个看起来大大咧咧的大叔，长得很像在综艺节目《月曜夜未央》里出现的桐谷桑，拿着熟食还没走到结账的地方就开始大喊：“不需要加热！”

还有在深夜会经常遇到一个老爷爷，本人很清醒，每次都扶着一个喝得不省人事的酒吧女孩进来买水。

因为打工，接触到了很多日本同事。通过和他们聊天，我发现在日本不选择进入公司做朝九晚十晚十二的职员，而是靠打工来生活的人并不算少数。因为打工心理负担轻，并且不用加班。在日本的企业中，加班是公司文化，应酬也是必不可少的。在便利店打工不需要应酬，可以根据自己的作息情况来安排时间。每天都打工的话，工资也不一定比公司职员少。我们店里有一个每天都上夜班的大叔，上班时间是晚上十点到第二天早上七点，上午可以安排时间做自己喜欢的事情，下午用来睡觉。还有一个最近刚来的女生，二十多岁从公司辞职，一天打工九小时。在日本，一天工作七小时以上的部分和晚上十点到早上八点的时段会比一般时段高出百分之二十五的时薪。当然，除了日本同事，也会有其他国家的外国人来便利店工作。一般便利店对于打工的人的日语要求不会很高。店长会把日语不太好的人放到不忙的时间段做一些体力活，比如说上货、补货和整理冰柜。晚班的时候到货很多，有时候需要把五十几箱饮料从门口搬到仓库。

关于“他”

店长，我们私下里叫他老头。面试的时候第一眼看到他还有一点儿害怕。店长长得并不和善，一只眼睛好像是坏了，经常会流眼泪，还有些许跛脚，店里的员工没有人知道是为什么，熟了之后也似乎没人敢问。听说他年轻的时候搞过乐队，也不知道是不是在瞎吹牛。不管怎么说，我总觉得他有点像武侠小说里的人物。工作时间长了之后慢慢发现他其实是一个经常发散友谊电波的和善老人家。打工休息的时候，很爱和我们聊中国的历史，谈到三国那段简直眉飞色舞。也不光是历史了，“我可是现在都持有腾讯的股票呢”。店长说他在很早的时候就买中国企业的股票，可惜我对金融一窍不通，只能发出惊讶的赞叹声来回应他。

店长挺滑稽，一个人在休息室里时会对着门喊：“欢迎光临，欢迎光临！”人多的时候突然从休息室里走出来，一瘸一拐地拄着拐杖绕着店里喊：“欢迎光临，欢迎光临！来杯咖啡如何呀，来杯咖啡如何呀！”也不穿制服，常常吓到客人。店长会讲一句中文：“我没有头发。”不知道是中年脱发还是剃光的，总之对于没头发这件事他看起来是挺得意的。

这周二店里发生了一起纠纷，听说是收银柜台的员工不小心找错了钱。我进休息室的时候，碰巧店长在和发生纠纷的客人打电话。“实在是对不起您，是我们新员工的疏忽，是我管理不足。总之真的非常抱歉。希望您可以原谅我们……”他说着最高级别的敬语，拿着电话，身体竟然也鞠起了躬。“只道歉我是不接受的，赔钱！我要你们赔钱！”两米之外的我都听得一清二楚。“是是是，我们会赔偿您的损……”“快一点，麻烦死了！”电话被对方挂断了。店长望向我，脸上的表情从紧张无奈变成了一种不自然的微笑。“没什么事。”他说着，从我身边经过了。“哦……是吗？”我轻轻地回答着。店长已经走出休息室了。还是一瘸一拐的。那一刻，“顾客至上”四个字突然变得有一些让人难受。

我觉得店长是个怕尴尬的人，两个人单独相处的休息时候，他经常和我聊一个跟我关系不错的同事，怕没

有话说坐着尴尬。店里有很多还没有参加升学考试的留学生，他常常向他们热心询问想要考的学校，给出自己的建议，毕竟他年轻的时候上的是日本最好的私立大学之一早稻田大学。他和外国人讲话的时候会特意放慢语速，对我们不理解的词语再用浅显易懂的词去解释。我在碰到过奇怪的日本人（故意刁难有语言障碍的留学生朋友）之后突然体会到了店长的这一点温柔。和店长渐渐熟了以后他就开始聊自己的事情。店长年轻的时候爱玩，交过好多女朋友，比如说和一个女士在法国生活了一段时间，差点结婚，后来不知道为了什么又觉得不合适回到了日本。现在的老板娘都知道这些历史，其实我们也不知道该不该称呼她为老板娘，因为他们在一起好多年都没有登记结婚。说到原因更是很像店长的风格了，说是有一回喝多了，第二天酒仍然没醒，然后不知道和谁贸然地就去登记结婚了，到现在都没弄明白。老板娘是个挺温柔的日本女人，从事这一行业很久，之前也开过两家便利店，现在就专心帮着店长开这家店，店里很多细小的琐事都是她在处理。我们都觉得店长有些大男子主义，聊天的时候老板娘插几句话都会被说"男人说话女人不要插嘴"。

店长拥有着"既抠门又大方"的人设。有个同事搬家了。算上搬家之前就通知店长的那次应该有提过四回。因为打工是能报销来回车费的。同事搬到更远的地方了之后，车费就变高了。不知道店长是真健忘还是怎么样，一直没有把车费加到她工资里去。最后一次，同事在他面前说："快给我加上，不然我就不干啦。"当然也是开玩笑的那种语气。店长没办法了就把交通费加上了。不过倒是听说他把之前的也补上了，有个三四万日元的样子。

我每次放假回国前，他都会亲自买两盒包装精美的和风点心叫我带回去给家人。兼职的越南同事下个月要结婚了，店长给她报销了一半去冲绳的机票和酒店费用。"上次店长还送了我回国的全日空的机票。"一个前辈说。休息室里的同事们都开始起哄了，"那我们也快点找人结婚吧！""过年我也要回家哈哈哈。"我捧着店里刚买的热腾腾的红薯，暖，心情舒畅。

便利店之最

コンビニの一番

陈鸣 / text

还有谁叫皮皮赖 / illustration

便利店也是因地制宜的。各地的便利店与当地的文化风俗结合，使便利店也有了烟火气。普通的便利店都一样普通，但特别的便利店却各有各的特别。

最早开始 24 小时营业的便利店

美国得克萨斯州奥斯汀有一家开设在学校旁边的 7-Eleven。1963 年的某一天，一场大型橄榄球赛举行，许多学生为观看比赛转播，通宵达旦地聚集在店内。于是这家 7-Eleven 被迫营业至清晨，并在此之后正式开始 24 小时营业，成为全世界第一家 24 小时经营的便利店。

气味最奇特的便利店

位于群马县的一家 7-Eleven，店内每天都弥漫着“奇特”的味道。原来，因为店铺旁边就是温泉街的汤田，所以硫黄的味道会不断地飘入店内。说起硫黄味的便利店，当地人都知道就是这家位于汤田旁的 7-Eleven。

最“山寨”的便利店

人气漫画《JOJO 的奇妙冒险》中的虚构便利店 OWSON 其实是真实存在的。它位于日本宫城县仙台市，设计与配色都和罗森一模一样，每天也会有很多客人到这里来消费购物。

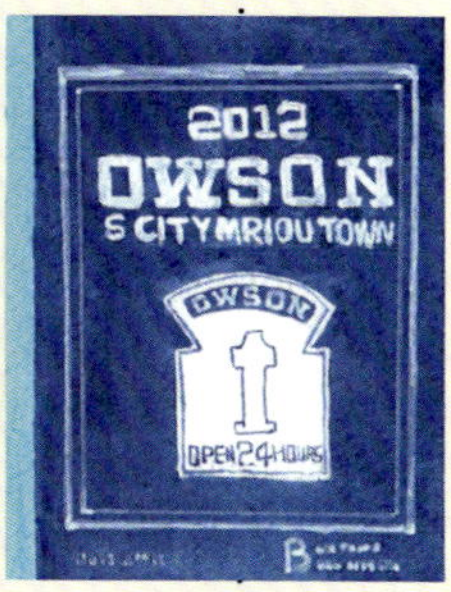

7-Eleven 的商标细节

7-Eleven 的商标中，名字只有最后一个字母 N 是小写。有传言说这是因为在设计商标时，有风水师表示这样设计才会赚到大钱。不过 7-Eleven 官方已辟谣，称这样设计只是为了更好看而已。

最多功能的便利店

印度尼西亚的 7-Eleven 便利店，不仅提供购物、休息场所的服务，还时常举行乐队的 live（现场）演出。年轻人们约见网友时也会说“我们 7-Eleven 见吧”，对他们来说，7-Eleven 就像是咖啡厅一样的存在。

工作制度最严格的便利店

全日本店铺数量最多的 7-Eleven，也有着业界最严格的工作制度，从着装到外型都对店员有着统一规定：不能染发，不能涂指甲油，不能戴首饰，男生不能留胡须，必须佩戴制服领带。也正是这些严格的工作制度，才使 7-Eleven 成为日本民众心中最值得信赖、评价最高的便利店品牌。在 7-Eleven 工作过的员工，因为经过了专业而严格的经营管理体系培训，也在业内保有“跳槽最容易”的口碑。

动漫迷最爱的便利店

十分擅长与人气角色合作进行周边贩卖的日本罗森，是动漫迷最喜爱的便利商店。为了购买罗森的独家商品，粉丝们甚至会从商品发售前一天午夜就开始排队。而罗森与 7-Eleven 相比不那么严格的着装制度，也能吸引很多新潮的打工者。在青年人聚集的表参道店，就有染着粉色和蓝色头发的店员。罗森位于日本东京国际展示场的店铺，更是动漫迷的天堂。每年 8 月，东京国际展示场都会举办全球知名的动漫展览“COMIC MARKET”，为了配合展览的氛围，这家罗森也准备了比其他店铺都要多的漫画、手办及咖啡。当然，这样的地理位置，也伴随着极其忙碌的工作。罗森总部每年 8 月都会抽调 40 名店员来这里彻夜为开店做准备，而即便是这样，面对白天开店后的客流，店员们还是应接不暇。

最具哆啦 A 梦特色的便利店

位于日本神奈川县的这家罗森（川崎市多摩区宿河原 3 丁目 5-1），离人气漫画《哆啦 A 梦》作者的纪念馆“藤子·F . 不二雄纪念馆”仅有步行 12 分钟的距离。这家便利店也使用了哆啦 A 梦的主题，从店铺的招牌到店内的天花板、墙壁，全部充满了哆啦 A 梦的元素。

Ponta 的便利店

三菱商事出品的积分卡上那只可爱的橘色松鼠名叫“Ponta”。而在日本福冈县北九州市小仓北区浅野 2 丁目 4-5 的罗森，是日本唯一一家 Ponta 的主题便利店。店铺主体配色采用 Ponta 的橘色，墙上贴满了 Ponta 的卡通形象，店内也有很多 Ponta 的周边商品，连店铺名字都是“Ponta × 罗森”。

最可爱的便利店

日本神奈川县横浜市山下公园有一家“HAPPY LAWSON”（快乐罗森）。这家便利店整个外观都是纯白色的，为了配合公园的轻松氛围，便利店还配上了宝宝头像，十分可爱。另外，这家店里还设有儿童游乐设施，很适合家庭光顾。

最“红”的罗森

位于日本广岛的这家罗森便利店（广岛县广岛市南区东荒神町 1-3）因为是广岛东洋鲤鱼队的主场，于是索性将店铺改为了相应的红色，里面贩卖的物品也和其他地区的罗森不同，1/3 左右的商品都是广岛东洋鲤鱼队的周边纪念商品！这家店每天都像在为广岛东洋鲤鱼队加油呐喊一般，显得十分热闹，深受棒球迷的青睐。

日本最大的便利店

位于日本三重县的“罗森志摩店”，由废弃的超市改建而来，是日本现今面积最大的便利店。店门口还设有能够停放 30 辆车的停车场。这家便利店面积大到日本人甚至评价其“大到浪费”。不过事实上，这家便利店有一半都是员工休息室与库房，实际购物区面积和普通的便利店差不多。

日本最小的便利店

位于日本大阪鹤桥地铁站通道里的全家，占地仅 3.63 平方米，是日本现今面积最小的便利店。两个成年人无法同时站立在店内，因为基本上无法灵活活动，所以店员也会加倍仔细，尽量避免零钱掉在地上的情况发生。

最具传统气息的便利店

位于日本三重县伊势市宇治今在家町 3-8 的全家便利店，正好位于伊势神宫前，为了不破坏周围环境的氛围，整个便利店都藏在木头小屋里，和周边建筑融为一体。

最运动的便利店

日本全家的部分店铺里面设置了台球桌供顾客打台球。

最温暖的便利店

位于日本信州上山田温泉的全家，店里有一块区域是足汤温泉，顾客可以在这里泡脚。虽然店铺 24 小时营业，但是温泉利用的时间仅从上午十点持续到傍晚。就算不在店内消费，顾客也可以随意使用温泉。

日本网站做过一个评测，选出 7-Eleven、全家、罗森三家公司的三种代表性口味的饭团，分别为：鸡肉蛋黄酱口味、红鲑鱼口味、海带（昆布）口味，并进行了一个口味的对比调查。

红鲑鱼饭团最好吃的品牌

全家的红鲑鱼饭团的量在三个品牌中最多，鱼肉口感不干不腻，海苔与米饭的咸味也恰到好处。

海带饭团最好吃的品牌

日本 7-Eleven 的海带饭团是三个品牌里海带个头最大的，酱油与米饭使用得恰到好处。

鸡肉蛋黄酱饭团最好吃的品牌

7-Eleven 的鸡肉蛋黄酱饭团量最多，鸡肉口感最好，且没有酸味。

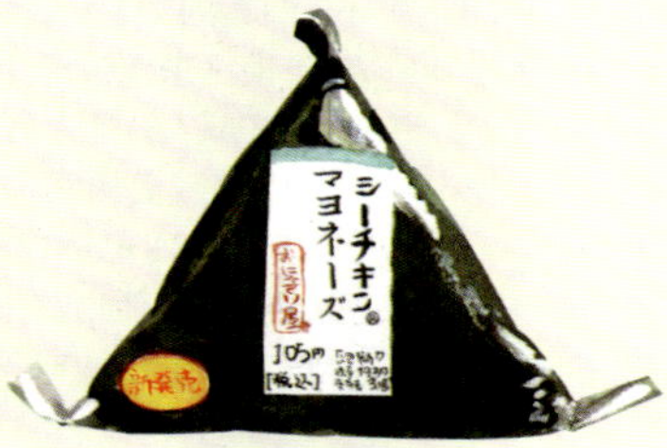

最像面包店的便利店

日本“山崎面包”旗下的便利店Daily YAMAZAKI，将烤面包的流程搬进了便利店中。所以在这里，你会看到店员刚刚接待完顾客就开始烤面包了。

最幸运的炸鸡块

崇尚生活中的“小确幸”的日本人，不光有幸运饼干，还有幸运炸鸡块。“炸鸡块君”是日本罗森的人气商品，1 000个炸鸡块中只会有一个印上“炸鸡块君”的标记，吃到这个炸鸡块的人就是千分之一的幸运儿。

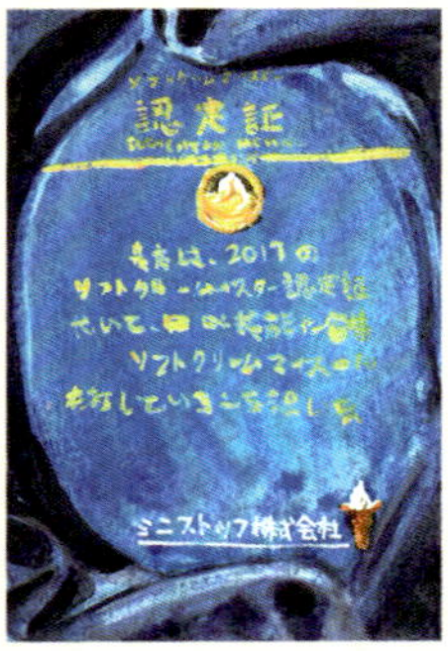

最像邮局的便利店

位于日本东京港区和横滨中区福利厚生协会里的便利店Sunkus，同时也是一家邮局。这家店的主配色、标志都与普通Sunkus便利店没有两样，店铺名却改成为Post Store（邮政商店）。

日本最北的便利店

日本北海道稚内市的宗谷岬地区，是日本普通人能到达的日本陆地最北端，位于稚内市惠比须5丁目1-21的Seicomart，是日本最北的便利店。

最像快餐店的便利店

日本“康宝商店”经营模式的首创品牌MINISTOP设置有店员捏饭团的时间，有许多顾客特意在这个时间段前来购买店员亲手捏的饭团。另外，顾客在这里还能买到蛋卷冰激凌，每年MINISTOP都会举办冰激凌大赛，将胜出的冰激凌作为下一季的新产品。

电影镜头中的便利店人生百态

映画で見る
コンビニ人間の物語

鹿不璐 / text

陈雪珺 / illustration

日本的 24 小时便利店，不仅存在于热闹的都市中，也扎根于远离城市的乡村、偏僻的铁道周围、荒凉的山脚下，只要有人在此生活，就有便利店的身影。

很多日本影视作品中都会有这样的情节：在便利店里邂逅的男女主角，买了相同的咖啡；与家人闹翻后在便利店里买可乐

a.《百元之恋》中，一子在家附近的便利店中采购

的叛逆少年，望着柜台里的香烟发呆；老人与主妇们在便利店前聊天；刑警办案后去便利店买泡面、咖啡和面包；不良少年在便利店行窃，不小心被店员抓住；猥琐的中年男子站在便利店的成人杂志区翻阅；父亲带着女儿在便利店里预订圣诞节草莓蛋糕，母亲在店门口微笑着注视……无数个熟悉的情节，都在这一个小小的店铺里发生、完成，它是生活片段的组合，亦是电影里故事的一部分。

拆解、诠释生活是很多日本电影的特点，留心观察，你会发现在许多日本导演的镜头里，都会有一家不起眼的便利店。

b.

百円の恋

《百元之恋》
人生的过渡期

导演：武正晴
主演：安藤樱、新井浩文
上映时间：2014 年

《百元之恋》是导演武正晴 2014 年的电影作品，主角是已过而立之年的“啃老族”一子（安藤樱饰）。

一子是典型的大龄宅女，寄宿于母亲家中，没有工作和朋友，整日在杂乱拥挤的房间里沉迷于游戏和动漫，小外甥是她唯一的玩伴。可乐当水饮，薯片当饭食，肚子饿了就挪步去家附近的便利店采购垃圾食品。懒惰、丧气已经渗入其骨髓，拖着行尸走肉般的步子，肚子上的赘肉和疲惫臃肿的身体都藏在宽大的家居服中，杂草般的头发里是一张呆滞而晦暗的脸，无法坦然地正视周遭，残喘于看不见未来的 32 岁，她的一切情感都仿佛包裹在逐渐腐烂的的皮囊之中。

终于，某日一子与离婚搬回娘家借住的妹妹彻底闹翻，激烈的争吵过后，带着仅有的尊严或是一丝残存的勇气，她赌气搬出去独自生活。为了维持生计，一子开始在以前经常光顾的便利店打工挣钱养活自己。

一子打工的便利店属于很常见的日式“百元店”，店铺的口号是“与客人共创百元生活”。大面积的玻璃窗透出明亮的光线，洁白的货架整齐地放置着廉价实用的商品，流行音乐无休止地循环播放。穿上黄色工作服的一子仿佛和夜间便利店空洞的气氛融为一体，她此时的人生仿佛是一件在货架底层吃灰且无人问津的商品，毫无存在感。

这部电影中，便利店更像是一位冷静的旁观者，它见证了一子腐烂皮囊的逐步瓦解，在沉默的磨练中将现实交付于她，给她时间去攒够认清生活挖掘真我的勇气。洁净的玻璃保持一尘不染，底层的商品依旧等待着被挑选进购物篮的时刻，晚上还未售出的便当永远无法逃脱被丢弃的命运，而一子最终离开了便利店。

在日本，人们已经对便利店店员这一职业司空见惯，这个职业的门槛也相对较低。在《百元之恋》中，一子的工作面试在与店长的随意聊天中顺利通过，打工的时段是较为辛苦的夜间，每周四班的工作量月薪能达到十四万日元左右（合人民币 8 500 元左右）。这个收入对于在东京生活且需要租房的人只能维持温饱，但相对于其他职业，便利店店员却相对较为自由清闲。

c.

誰も知らない

《无人知晓》

绝望中仅存的一丝暖意

导演：是枝裕和

主演：柳乐优弥、北浦爱、木村飞影

上映时间：2004 年

《无人知晓》是导演是枝裕和 2004 年的电影作品，此片根据 1988 年发生在东京的西巢鸭弃婴事件改编而成。

本片讲述的是一个极度残酷、悲伤彻骨的故事。单身母亲生养了四个孩子，大儿子明、大女儿京子、小儿子茂，以及最小的女儿小雪。她或许疼爱着每一个孩子，但责任感却为零。她将四个孩子藏匿在租住的房子里，禁止他们外出和上学，向房东和邻居隐瞒孩子的存在，平时去上班时便让长子明照顾弟弟妹妹的生活起居。在电影中，任性的母亲两次离家出走，第一次消失一个月，而第二次她再也没有回来。

四个可怜的孩子带着对母亲的思念顽强地活着，他们被生母遗弃，被社会遗忘，生的权利被逐渐剥夺，可每一个孩子都始终坦然地面对一切，他们没有选择蜷缩在黑暗的角落里等死，而是面朝着阳光，在睡梦里依偎着母亲，嘴里包着糖果。

一间位于热闹居民区里的连锁便利店在电影中多次出现。白绿配色，干净整洁，有很多漫画出售，所以店里店外时常聚集着几个孩子。最初，便利店是长子明翻看漫画打发时间以及购买食物的地方，一次“盗窃事件”引起的误会让明结识了好心的女店员。圣诞节当天，明在便利店外等到天黑后最冷的时段才开始采购食物，因为此时会有折扣。母亲并没有应“圣诞之约”，为了不让弟弟妹妹们失望，明拜托便利店的女店员帮忙写了四张卡片，假装是妈妈寄给孩子们的圣诞礼物。

母亲留给明的钱越用越少，最基本的温饱已成问题，明时常会在便利店的后门等待着好心的男店员带出当天卖剩的便当，无论是什么口味，都会是孩子们梦寐以求的佳肴。

一张卡片、一个关注的眼神、一份便当是他们还未被全世界彻底抛弃的证明，便利店和店员的存在像是一位静默的守护者，见证了孩子们的不安和饥饿，为他们的坚强与乐观编织一份微薄的期许。

b.《百元之恋》中，在便利店中收银的一子

c.《无人知晓》中，明在便利店中翻看漫画

d.《青之炎》中，在便利店打工的秀一

青の炎

《青之炎》
灰色的青春与罪恶在此蔓延

导演：蜷川幸雄
主演：二宫和也、松浦亚弥、铃木杏、中村梅雀
上映时间：2003 年

《青之炎》是导演蜷川幸雄 2003 年的电影作品，又名《十七岁完全犯罪》，根据贵志祐介同名小说改编。

国中二年级学生秀一（二宫和也饰）与母亲友子、妹妹遥香住在一起，秀一的父亲早年间因车祸去世，十年前母亲改嫁曾根隆司，而这段婚姻止于曾根的家庭暴力。

对纠缠不休的继父从厌恶上升至仇恨，秀一决定制订完美的犯罪计划杀死继父，这是他保护母亲和妹妹的方式，是他听从内心恶意的选择。他孤独又谨慎地策划着犯罪的每一个步骤，在绝望和恐惧中他最终完成了杀死继父的计划。

秀一平时在便利店打零工，这是一家位于海边、宽敞冷清的中型便利店，红白配色显得格外扎眼，便利店的空洞安静让人产生一种无法调和的压抑感，而这里也成为了秀一第二次实施犯罪的现场。

秀一冷静地进行杀戮前的布局，面对经常来便利店陪自己打发时间的伙伴，秀一也许有过一

现实中，在繁忙的工作结束后，
人们走进便利店，
将自己喜欢的食物放进购物篮里，
从冰柜里取出一打啤酒，
为缓解加班的疲惫感
买上几瓶功能饮料，
吃上一口热腾腾的关东煮，
握住一杯有温度的咖啡，
感受一颗冷暖自知的心。
这又何尝不是电影的一幕。
生活的节奏不停在变，
而便利店永远在下一个街角。

丝犹豫，可当贪婪的诱惑使朋友的嘴脸扭曲变形，秀一只能让免费的饮料变成锋利的刀刃。为了让朋友闭嘴，为了避免麻烦，为了不再给妈妈和妹妹带去困扰，在便利店摄像头的监控下秀一又一次地实施了完美的犯罪。影片最后，秀一选择了自杀，带着痛苦和内疚，以及无法勇敢活下去的困扰，也许还有憧憬解脱后的坦然，最终走向灰色地带的最深处，走向死亡。

便利店的存在像是一位静默的旁观者和保护者，这里曾是秀一为数不多的安全领域之一，可当恶意浮现、杀意萌芽的时候，也注定了血案会在此发生。讽刺的是，平时帮助监控犯罪行为的摄像头，反而成为了完美犯罪的“帮凶”。

关于在便利店中发生犯罪事件的剧集和电影不在少数。根据日本推理作家宫部美雪小说《无名之毒》（名もなき毒）改编的同名日剧，剧中罪犯的杀人手法便是在便利店的盒装饮料中用注射器注入氰化钾进行无差别杀人。

在现实生活中，因为高度的普及性，日本的便利店也难免与一些抢劫甚至杀人事件发生联系。比如骇人听闻的日本9尸肢解案凶手白石隆浩，他高中时半工半读，2008年曾在便利店打工，以前曾和他接触过的顾客都不曾想到，看上去温柔安静的他会成为一个毫无人性的连环杀人犯。

深夜到凌晨这段时间里，街角那些灯火通明、大门敞开的便利店算是给现代都市的冰冷夜晚留下了一些温情。除了人流量，一切都和白天没什么两样：白炽灯下的商品依然琳琅满目，店员仍旧热情礼貌。这里为所有出没于深夜的都市人提供贴心服务，让人感受到浓浓的暖意。当你想要填补疲惫空虚的心胃之时，街角那里一如往常。

“欢迎光临。”

“请给我一杯热咖啡。”

堀内庆太郎 / photo

き

き

き是位于か行的第二个假名，它的平假名き来源于汉字繁体字“幾”的草书，而片假名キ则来源于“幾”的上半部分。き的发音为ki。同时，き为清音，在き的右上角加上两点则变为其浊音，为ぎ，读作gi。

キ

和き有关的单词和短语：

聞く［きく］／听，问
雰囲気［ふんいき］／气氛，氛围
気持ち［きもち］／心情，感情，情绪
気に入る［きにいる］／喜欢，中意
いただきます／我开动了

读作き的汉字：器、木、期、季、機、気、貴等

photographer

梅佳代：奇迹的瞬间

梅佳代：奇跡の一瞬

白云 / interview & text

梅佳代 / photo courtesy

a.

a & b.
Ume-me
©Kayo Ume

2006 年，梅佳代出版了第一本写真集 *Ume-me*（うめめ），翌年获得了第 32 届木村伊兵卫摄影奖。作为评委的筱山纪信是这样评价她的：“如果不是 24 小时都高度集中，是无法拍出这样的杰作的。从我的拍摄方法来看，这绝对是不寻常的。”

附近的小学生、老家的祖父、偶遇的陌生人，都是梅佳代的拍摄对象。她 24 小时都处于备战状态，相机不离手，等待记录下生活中的奇迹时刻。“当感到‘啊’的一瞬间，我就按下快门。随时都会有新的发现，我变得越来越乐在其中。”

b.

梅佳代

1981 年出生于石川县，因“男子”、“女子中学生”系列连续两年获得佳能写真新世纪奖。2006 年发表第一本写真集 *Ume-me*（うめめ），获得第 32 届木村伊兵卫摄影奖。2013 年在东京歌剧院画廊举办个展“梅佳代展 UMEKAYO”。其作品因用独特视角展现日常生活，而受到国内外的好评。作品常年在各种媒体和展览上发布。

d.

c.

c & d & e.
White Dog
©Kayo Ume

e.

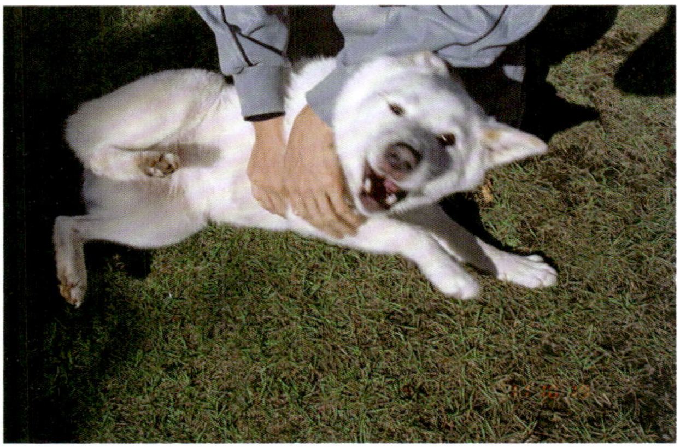

2016年年末，梅佳代出版时隔三年的写真集 *White Dog*（《白色的狗》），里面的主人公是一只名叫“Ryo”（リョウ）的汪星人。其实自出道作 *Ume-me* 以来，这只可爱的小白狗就时常出现在梅佳代的作品中。

18岁那年，梅佳代离开家乡能登前往大阪的摄影学校。恰好也是这年，梅佳代的弟弟捡回了一只被人遗弃的小狗。因为这只狗是在附近高中棒球部的宿舍中发现的，所以给它取名为“Ryo”（即宿舍的日文发音）。

从小就害怕狗的梅佳代还记得 Ryo 第一次回家时的情形。刚捡回来的时候，家人告诉她 Ryo“又小又可爱”，没想到一转眼已经长成了一个大家伙，但内心还是个精力旺盛的小孩子，一直追在梅佳代的身后。“大概30岁的时候，我才做好心理准备直接触碰它。”

但这并不妨碍梅佳代用镜头记录这个小生物的一举一动。“只有回到故乡时才能见到它，所以我会用更客观的视角来拍摄。”梅佳代采用抓拍的方式，在遇到或有趣或奇怪或可爱的突发瞬间时按下快门。

Ryo 陪伴梅家走过了近17年的时光，也许是感到自己死期将近，它独自前往深山再也没有回来。带着悲伤，梅佳代把这些年间拍摄 Ryo 的照片集结成册，以表怀念。

f.

g.

f & g & h & i.
White Dog
©Kayo Ume

h.

i.

j & k & l.
Nasukai
©Kayo Ume

j.

k.

l.

2017 年春天，梅佳代发布的写真集 *Nasukai*（《那须海》），也是一段充满缘分的故事。

Nasukai 的全称为那须高原海城完全中学，是日本少有的全寄宿、初高中一体化的男子学校。2010 年梅佳代曾因那里举办的艺术祭前去取材。2012 年春天，她又与这些男孩子重逢，不过相遇之地变成了东京多摩。因为 2011 年的东日本大地震，学校不得不迁移到别处，并在 2017 年 3 月送走了最后 8 名在校生后关闭了学校。

梅佳代用自己的相机记录了男子中学生们的日常。课堂、体育祭、文化祭、宿舍、毕业典礼，这些处于青春期的男孩子们有着自己的独特魅力。

“他们的样貌和态度，与大人们截然不同，短短数年间的变化十分有趣。而且我对这种一个学校里只有男孩子的生活很感兴趣。”梅佳代说自己很幸运，在最想拍摄中学生的时候，能够和那须高原海城完全中学的男孩们相遇，也恰好记录了学校的最后时光。

出道十年，梅佳代的 *White Dog* 和 *Nasukai* 像是沉淀许久的集大成之作，定格奇迹瞬间的功力一直都在，还有了更加温柔老练的味道。下面来感受下梅佳代式的快人快语。

m.

n.

m & n & o & p.
Nasukai
©Kayo Ume

o.

p.

interview　梅佳代

“我的建议就是：激情！”

知日：你对写真集 *Nasukai* 的拍摄对象——男子高中生有什么感受？

梅佳代：正青春的人最美好了。

知日：在连续七年的拍摄过程中，有没有印象特别深的故事？

梅佳代：大概是有个高中生告诉我：“你和我的初恋很像。”

知日：以前你也拍摄过小学男生，拍摄方法和拍摄男子中学生有什么区别吗？

梅佳代：对于小学男生，我想记录下他们又蠢又帅气的样子；而对于男子初中生和高中生，我觉得他们自我意识过剩的部分和成长过程中迸发的闪光之处最美好。

q.

知日：*White Dog* 的主人公 Ryo 对于你来说应该是家人般的存在了吧。它是怎样的汪星人呢？

梅佳代：Ryo 是我弟弟捡来的，胆子很小，又蠢蠢的。这其实和我家人的性格很像。

知日：你本人很怕狗，和 Ryo 是怎样的相处模式呢？

梅佳代：我从小就害怕狗，但是多亏 Ryo 酱，现在渐渐变得习惯了。刚开始妹妹会强迫我去摸它，或者我自己拿棒子去试着碰它。

知日：*White Dog* 可以说是你作为动物摄影师的出道之作吗？

梅佳代：我觉得自己还称不上动物摄影师。但我非常喜欢看那些蠢萌的动物照片。

知日：刚开始你是为了和铃木一朗（日本著名棒球运动员，梅佳代的偶像）还有艺人见面才开始摄影之路的。那么之后继续摄影的原因又是什么呢？或者说，摄影的魅力究竟是什么？

梅佳代：我享受那种拍完照片然后显现出来的感觉。如今拍照片成了自己的工作，可以经常看到各种艺人，觉得自己超幸运。

r.

s.

q & s.

Danshi（《男孩》）

©Kayo Ume

r.

Umep

©Kayo Ume

t.

Danshi

©Kayo Ume

u.

u & v & w.
Long Live Grandpa!（《爷爷万岁！》）
©Kayo Ume

v.

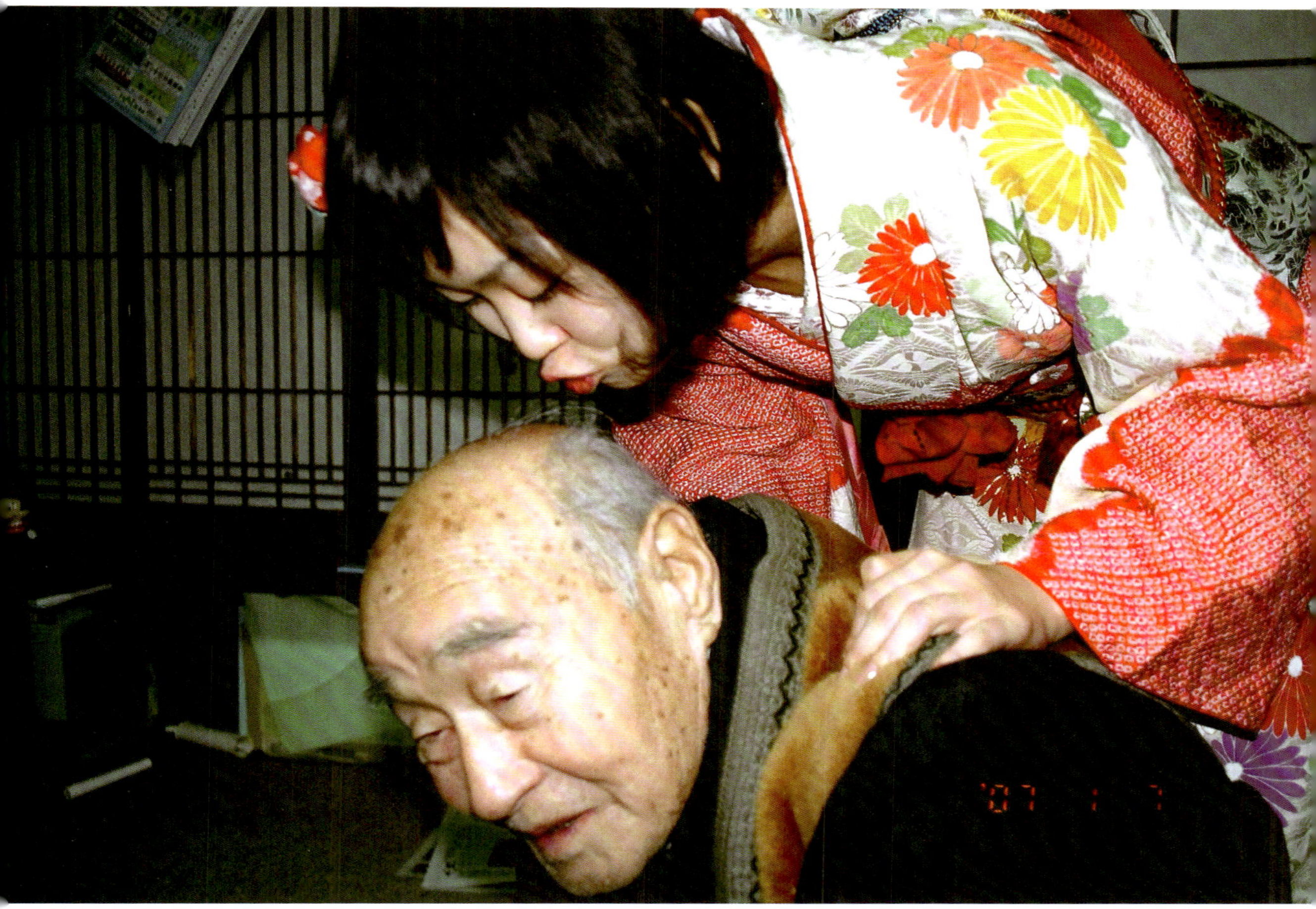

W.

知日：相比风景，你更喜欢拍人的原因是？

梅佳代：跟风景比起来，人类显得更"蠢"更有趣。

知日：你怎么定义自己的摄影风格？

梅佳代：我从不定义自己的摄影风格。

知日：你来过中国吗？对中国和中国人有什么印象？

梅佳代：19 岁的时候，我跟随所在的摄影学校组织的学期旅行来过上海。当我从观光巴士下车后，被当地的学生围住一阵狂拍。后来我把这件事情说给我的朋友听，朋友根本不信我。

知日：你在中国年轻人中颇有人气。你对喜欢摄影的年轻人有什么建议吗？

梅佳代：诶！我在中国也有人气吗？太开心了！我的建议就是：激情！

知日：今后的摄影计划可以透露下吗？

梅佳代：这之后会出版一本新的写真集然后办展览。希望早日去中国办展。

manga

柘植义春《无能的人》

つげ義春「無能の人」

不存在的盒子 \ text

a.

画《无能的人》时，柘植义春已经47岁了，距离最后的封笔还有三年。《无能的人》是他受邀在当时一本新办的青年漫画杂志《*comic* 貘》上连载的长篇漫画，是他一生唯一一部长篇。虽说是长篇连载漫画，事实上每一话都是一个独立完整的故事，然而在连载到第六话时就因杂志的休刊而终止了。《无能的人》以一种私小说式的语法讲述了一系列失败的人生经历，然而从严格意义上来讲，这部漫画并不能被归类为自传体漫画——它是柘植义春创作的一部以一事无成的失败者为主题的命题漫画，而义春在创作过程中将自己的生活投射进了故事里。

第一话讲在经历了画漫画、倒卖二手相机和旧货之后，主角卖起了石头。摊位就设在多摩川中流的河岸边，货物全是直接从河滩上捡来的随处可见的石头，完全没有生意。为了养家糊口不得不在小区里发传单的妻子对他抱怨连天，甚至白天在路上与他擦肩而过时都装作不认识。最后，主角靠背人渡河才总算挣到了一笔钱。

第二话，主角带着石头去参加一个在新宿H寺举办的石头拍卖会，一无所获，还倒贴了场地费和入场费。报名点是代代木的一条小胡同里的一间旧房子，门口挂着“美石狂会”的招牌，却连大门都因年久失修而掉了下来。这是一部彻头彻尾讲述失败者的漫画，似乎没有一个角色不“丧”。会长的徒弟山川不仅被会长石山抢走了老婆，还被迫给石山和自己的前妻当佣人，会长石川又因酒精

a.
《无能的人》封面

b.
妻子几乎都是背向男主角，即使是在路上和他擦肩而过也装作不认识。义春以这种表现手法来展示妻子和丈夫之间相看两厌的尴尬处境。

c.
柘植义春标志性的失败者背影——背景亮到像是在放光，佝偻着的无用之人的背影被涂成黑色，强烈的对比给人以强烈的萧瑟感。

b.

c.

中毒被妻子嫌弃，而石头热早已过去。

在柘植义春三十几年的漫画生涯中，一共画过 100 多部漫画，除了《无能的人》以外，其他作品均为短篇，这对一个漫画家来说实在算不上是高产。事实上在 1982 年到 1983 年间，他没有出过任何作品。在此期间，他写过一些散文，倒卖过二手相机，热衷摄影，但都以失败告终，就像《无能的人》里的主角那样。

时至今日，柘植义春已经成为一个谈到手冢治虫便绕不开的名字，当初受到他指引的人中，有一部分如今也已变得赫赫有名，比如安部慎一、久住昌之、花轮和一等。但在他执笔的三十几年间，漫画却从未回以他应有的犒赏。

1968 年，义春在 *GARO* 上发表的《螺旋式》一鸣惊人。《螺旋式》打破了漫画的局限性：漫画不一定只是通俗甚至是低俗的廉价消费品，它也可以是艺术的。然而这一切并没有为他窘迫的漫画生涯带来任何起色，他的生活依旧穷困潦倒。

困窘的人生使他无数次想要放弃漫画家的身份。1968 年，就在《螺旋式》发表之后，他以一篇自传体小说《蒸发之旅日记》道出了一种想要置换掉自己现有身份，去往陌生之地开启另一种人生的“蒸发”的概念。日后，他也不断将这种“蒸发”的概念渗透到自己的作品中。

在《无能的人》第三话里，借鸟店老板之口，他讲述了一位怪异的天才驯鸟师“蒸发”的故事，到第六话里，则直接以“蒸发”为标题讲了古书店老板山井以及漂泊的俳人井月的“蒸发”。把自己活成

d.

e.

了鸟一般的来历不详的驯鸟师，被妻子和继子嫌弃、终日气若游丝的山井，以及身世不明的流浪俳人井月，对社会来说他们都是一无是处的蝼蚁，作为无能的人注定要从世界上消失。在这两话里，同为“蝼蚁”的主角是这三人“蒸发”的见证者，同时他也是羡慕他们的，这也许也是义春自身的一种渴望。在第三话结尾处，主角爬上了驯鸟师“蒸发”时的那座水闸门，想要像听来的故事里那样展翅飞走，却因听到来接自己回家的儿子的呼唤而及时刹住了车。

“蒸发”的概念在整部《无能的人》里多次出现。第四话“寻石记”里，无论如何都不愿意回去画漫画，做了诸多尝试而无一成功，被妻子嫌弃为“蝼蚁”的主角，很讽刺地凭借三张漫画原稿赚到了三万元，于是一家三口跑到深山里远足旅行。途中的计划不断被打乱：因为时间不够没能吃上站台卖的便当，在卫生条件恶劣的荞麦面馆被狗咬，又因为地理条件采不到石头，入住的民宿条件简陋……妻子埋怨不断，儿子受到大人影响也愁眉苦脸。故事始终笼罩在一种丧到极致的氛围里，但在三口之家徒步翻越空旷的山林时，在村中寂静的夜晚身旁妻儿熟睡着，主角满腹心事直到晨光熹微方才睡去时，又隐约透露出一丝全世界只剩下他们三人相依为命的温情。

到了第五话“卖相机”，时间稍微往回拨了一点，揭示了主角捣腾二手相机直至失败的经过。凭借漫画里主角与妻子的对话，义春道出了自己的窘境，妻子指责他满脑子不切实际的想法又害怕付诸实践，一直希望他能重拾画笔，但主角认为漫画无论如何都成为不了艺术，也由此道破了第一话里提及的那破碎了的梦想为何物。

有意思的是，一直到第四话之前，妻子都几乎是以背影示人，与男主角始终是一方背对另一方的站位。即使在第二话结尾处，好不容易出现了妻子的正面，也是用阴影覆盖了面部，或是以手掩面的姿势。实际上在义春的漫画里，妻子似乎总是以喜欢干预主角行动从而被主角嫌恶的形象出现，这正是义春的现实写照。身为前途无量的女演员，藤原真喜子却义无反顾地委身于一个落魄的漫画家，而在义春自己都放弃画漫画时，只有她对义春的才华深信不疑并坚持不懈地央求他重拾画笔，同时她的强势也让义春的消极怠惰无所遁形。义春将这种被看穿后的恼羞成怒投射进了作品里，因此我们看到主角和妻子似乎

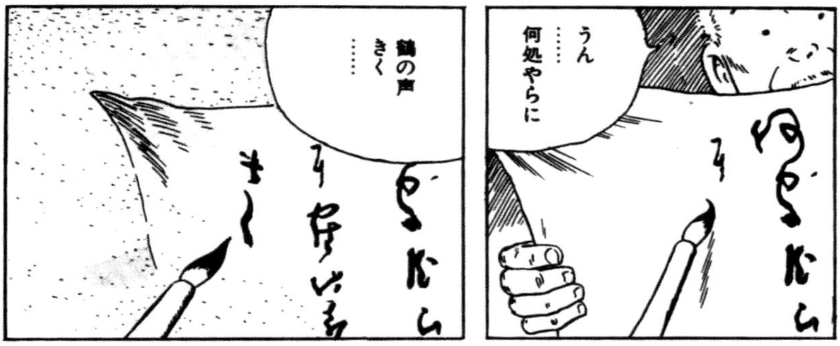

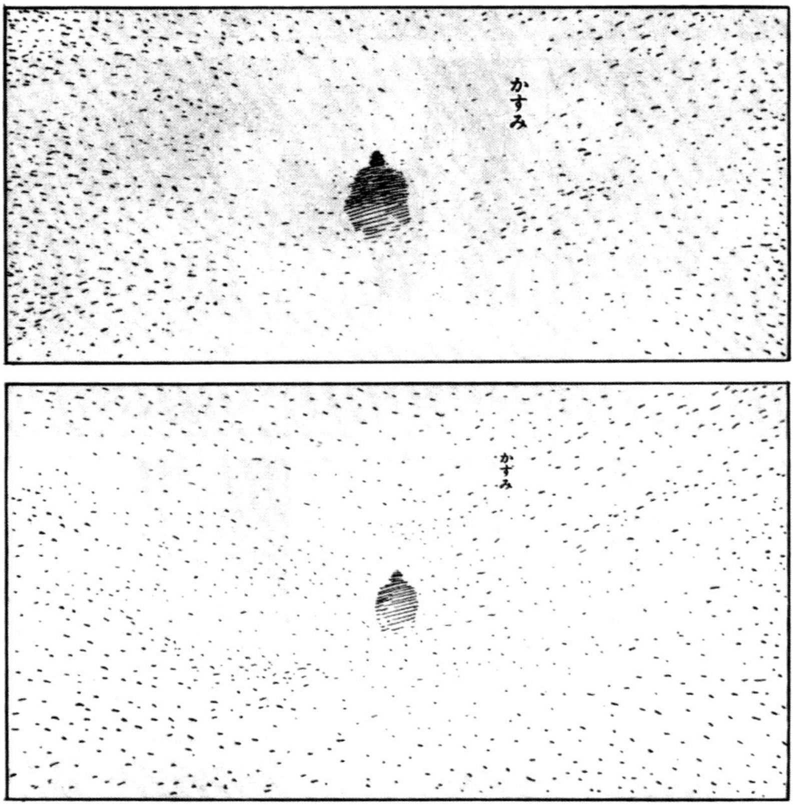

f.

d & e.
驯鸟师的“蒸发”。尽管鸟店的老板想要相信他是展翅飞走了，事实却是他从水闸门上掉落而死，这才是无能之人真正的结局。

f.
柘植义春漫画里典型的“蒸发”——“蒸发”之人只身走进茫茫大雾之中，背影越来越小，越来越模糊，直至彻底消失。

总是相看两厌。

作为私漫画的先锋，柘植义春刻画的每个人物都极为平凡且真实，都有人性上的欠缺，譬如猥琐和懒惰，自私和冷漠，都既非完美无缺的圣人，也绝非十恶不赦的恶棍，不似主流漫画里脸谱化的人物，也没有非黑即白的是非观。

《无能的人》连载后的第三年，50 周岁的义春以一篇《别离》收场，决绝地结束了漫画生涯，从此如愿以偿地踏上了自己的“蒸发之旅”。

1991 年，新人导演竹中直人凭借处女作同名漫画改编电影《无能的人》，获得了第 48 届威尼斯国际电影节国际电影评论家联盟奖、第 13 届南特三大洲电影节评审员特别奖、南特市奖。电影的获奖使得柘植义春再次成为一个热门话题。借着这股热潮，他又陆陆续续卖出了好几部作品的改编权。直到此时，他持续了大半生的窘迫才终于有了改善。

2017 年是柘植义春诞生八十周年，新版漫画合集《柘植义春 梦与旅程的世界》为他摘得了第 46 届日本漫画家协会奖大赏。而这位身体尚且健康的老人已经在他“蒸发”的道路上行走了三十年。

これからの「正義」の話をしよう

公正：该如何做是好

水戸部功のブックデザイン
——水户部功的书籍设计——

水户部功 \ text & photo courtesy
西瓜糖 \ translate & edit

a.

《公正：该如何做是好》是美国政治哲学家迈克尔·桑德尔（Michael J. Sandel）在哈佛大学的讲义，后被整理为书籍出版。虽然是以哲学为主题，但这本书在日本的销量却高达80万本，被看作冷门哲学书的一个特例。这本书出版于2011年，那时距9·11恐怖袭击事件正好10年。当初我接到这本书的装帧设计委托，在看到书的标题时，第一反应就是：就算是在日本，对“公正”的再定义的思考也不应局限于某一人群，这本书理应被更多的人阅读。

每个人对于“公正”都有着自己的理解，这本书并非是为了得出“公正”的正确定义，而仅仅是提出并探讨“公正”相关的问题。所以我在装帧上不想给读者任何先入为主的暗示，想要以中立的视角将这本书推荐出去。

与英文字母不同，日语的文字与字体本身就伴随着一定的意义，会给人留下某种印象。所以这本书的装帧设计不仅没有使用任何插画与照片，甚至将文字与字体所传达的意义也一并排除在外，仅仅将语言传达给读者。文字究竟可以符号化、抽象化到怎样的程度？为了达到这种符号化、抽象化的效果，我调整了字间距与行距，将每个字都看作一个独立符号，同时选择了没有任何装饰的正统字体。另外，我在书的封面上使用了标语一样的设计。书的颜色与材质也是如此，只要是伴随着意义的东西，全都被我排除在外。

在装帧设计界，图片的使用已经到了泛滥的程度，所以这样的设计也可以看作是我自己对这种现象的批评吧，甚至你可以将此称之为为装帧设计穿上白寿衣的行为。也就是说，我认为“今后的设计”就应该是这种形式。由于这样的设计中包含一定的普遍性，某种程度上也具有了一种畅销书该有的韧性吧。以此为契机，排字艺术成为了我装帧设计的重要内容。

b.

a.
封面没有图片，仅仅使用了文字。封面的字体没有任何装饰，以避免向读者传达额外的信息。

b.
内页设计

magazine
彼得猫的杂志屋

《东京人》值得尊敬的散步者永井荷风

「東京人」尊敬できる散歩者永井荷風

彼得猫 \ text & photo

a.
杂志封面

这一期《东京人》的封面上，75 岁的永井荷风，头戴黑礼帽，身穿端正的三件套，手携蝙蝠伞，这次没有趿木屐。这是摄影师木村伊兵卫去他在东京市川市的住所附近拍下的照片。《东京人》以“值得尊敬的散步者”为题，做了期永井荷风特辑。

李长声先生曾经说，永井荷风给人的印象，好像他总在散步，要么就狎妓。

一语中的。

从小喜欢散步的永井荷风，跨越了大正和昭和时代，关注往昔的生活趣味，关心底层女性。生活在旧时代的艺伎、私娼、咖啡厅女服务生，成为他身心上的支撑，也成为他字里行间的忧伤。评论家川本三郎在《肯定快乐的女人们》一文中写道，永井荷风在以男性为中心的日本社会中，坚持书写弱势女性的本质，并非是展现其不幸的一面，而是寻觅她们以自力活出自我的时代新气息，其中一部分是通过性。

在完成小说《濹东绮谭》的次日，永井荷风买了一台照相机，然后跑到《濹东绮谭》的故事背景地玉之井拍摄，并在照片旁边附上俳句，用在自费出版的小说《濹东绮谭》里。接下来便一发不可收拾，他不但用文字，也开始用摄影记录时代。荷风说，不停行走于东京街头，只为回溯出生至今的过往生涯。文艺评论家大竹昭子说，无为的散步才是最好。

1916 年，永井荷风辞去庆应义塾大学教授一职，搬回父亲的家里。家里的院子种了秋海棠，秋海棠别名“断肠花”，所以荷风自称“断肠亭主人”。荷风也开始

b.

c.

b & c.
荷风用了42年的时间，一直坚持在雁皮纸的笔记本上写日记

d.
竹笼、伞、木屐，都是荷风爱用之物

e.
荷风曾经住过的偏奇馆，因空袭而被毁

f.
荷风的脚步遍布老东京

d.

e.

f.

写日记，名为《断肠亭日乘》，一记42年。

在《断肠亭日乘》里面，有荷风手绘的玉之井地图，特别在开始动笔写《濹东绮谭》之后，去的次数就频密起来。玉之井，以前的私娼街，旧址大概在东京晴空塔的位置。

荷风热爱游历世界，浅草的三轮有一净闲寺，这是游女们的终结地，荷风生前也希望自己死后能埋葬在这里，与滚滚红尘中的游女们再遇。可惜，荷风最后被埋在南池袋杂司谷灵园里永井家的墓地。后来，谷崎润一郎等人还是为他在净闲寺游女的墓碑前，立了他为游女们写的诗碑。

散步者与独身者似乎是同义词，一生独身却不缺女人，48岁的荷风认识了21岁的关根歌，两人分手后关系依然。他唯一情有独钟的是江户风貌，没有比荷风更热爱东京的东京人了。他时而批评时而赞赏，皆源于热爱。他痛恨所谓的文明摧毁了古时的江户城。

荷风对海外的影响，编辑选了法国和中国台湾为案例。荷风年轻时去了法国一年，对法国文化情有独钟，回来后写了《法兰西物语》，并将左拉的自然主义介绍到日本。有人认为，荷风的散步，源自诗人波德莱尔。有时我在想，当年的荷

g.

g.
1948 年前后，荷风和浅草的舞蹈人员一起合照

h.
艺伎关根歌，据说是荷风的恋人

i.
1897 年的家族合照

j.
爱好摄影的荷风，留下非常珍贵的素材

k.
《裸体》上演，在后台被演员们围着的荷风

h.

风若是如藤田嗣治去国离乡留在巴黎，又是怎样的一番情景？

而在中国台湾，荷风的译本似乎不多，我手上有一本《荷风的东京散策记》，由大块文化在 2013 年出版，林皎碧译自《日和木屐》，爱书人傅月庵作序。译者林皎碧在译后记中说，荷风对日本文学的最大贡献，是将生活空间的“下町”提升为文学空间，他是日本文学中第一位描述都市的作家。

东京市川市文学博物馆，收藏了“荷风迷”近藤邦男于 2012 年捐赠的藏品，其中有书籍、杂志、电影海报，还有涉及荷风的报道剪报，数量多达 5 000 多份。这些收藏源自近藤邦男加入的“追忆荷风先生会”，这是 1959 年一群纪念永井荷风的荷风迷自发组成的组织，里面也有川端康成的名字。这个组织还出版会报《荷风研究》直到 2000 年。这些收藏品中，最有价值的是《文明》合刊，那是荷风辞去《三田文学》主编后担任主笔的杂志。不仅是编辑的工作，其中的无署名文章，以及连载的小说，都是荷风的倾力之作。合刊里更有荷风的亲笔签名，还有“荷风书屋”的印记。而荷风研究第一人秋庭太郎找到一本荷风相赠的

i.

私家版「濹東綺譚」から読む
写真家荷風の視線。
壬生篤・文

j.

上野を経て銀座の人気女給になる（所蔵・市川市文学ミュージアム）
戦後を野性的に生きる女性を描いた『裸体』は、昭和25年2月28日から、
浅草ロック座で上演された。写真は楽屋で『裸体』出演者たちに囲まれる荷風（★）
この四年間
している。
「新しさ」を見ようと

k.

l.

l.
净闲寺的荷风文学碑
m.
在日本，有非常多的荷风研究书籍
n.
荷风当年主编的《文明》文学杂志

m.

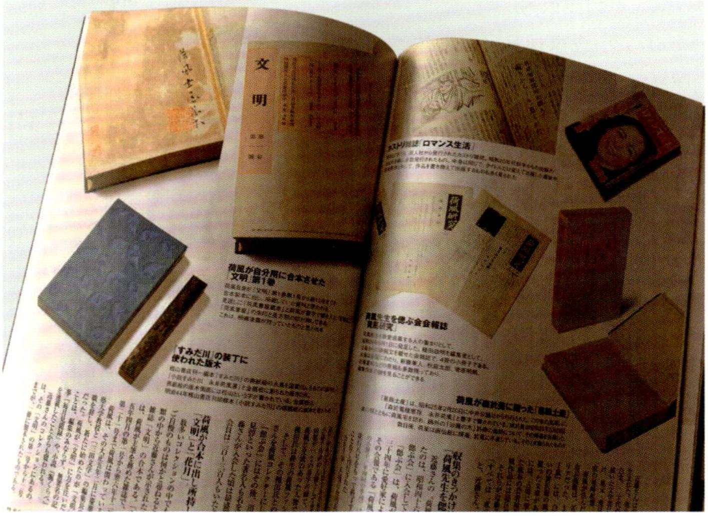

n.

《濹东绮谭》，从里面贴的一张女性照片推测出《濹东绮谭》女主人公阿雪是真实存在的。

作为老派的“好色家”，作为不复返的岁月的花柳界人情，对于互联网时代的年轻人，尤其是女生来说，永井荷风会有吸引力吗？

日本 dmm 游戏公司针对女性用户，于 2016 年开发了新游戏《文豪与炼金术师》，无疑促进了年轻一代接近文艺界。游戏设定有特殊能力的“炼金术师”作为特务司书被派遣至图书馆，与文豪一起，对抗破坏书世界的“侵蚀者”。德田秋声、森鸥外、永井荷风等角色纷纷登场。如果通过游戏认识到文豪的魅力，接下来，就容易阅读他们的作品。“不忍书街”代表南陀楼绫繁说，特立独行的永井荷风，反而受到年轻人的偏爱，在他们眼中，荷风就是一个“可爱的老头子”，或是“在各处都有家的猫”。

《东京人》这本杂志出现后，以研究东京为代表的“城市学”风潮掀起，荷风的文学价值正如荷风在《日和木屐》的序中的预言——昨日之深渊，今日之浅滩，拙著为变幻的世界留下存照，期盼有幸成为后人谈兴之素材。

近江风情

近江風情

李长声 \ text 王晓晗 \ illustration

俳句

行く春を近江の人と惜しみける

又惜春光去 无边烟雨正朦胧 近江人同行

——松尾芭蕉

近江，也写作淡海，指的是琵琶湖。这是过去的国名，也就是现在的滋贺县。琵琶湖是日本第一大湖，有一百一十九条河注入，却只有一条河流出，还有一条人工渠，“卖水”给京都等地。江户时代近江商人、伊势商人大概像中国的徽商、晋商一样有名，江户人羡慕嫉妒恨，叫他们近江小偷、伊势要饭的。

历史小说家司马辽太郎喜欢近江，觉得近江就像中国的天府之国。他写道：“近江，这个淡淡的国名低吟一下，对于我就像开始了一首诗一般，我喜爱此国。在京都或奈良正在被现代墓地似的混凝土风景硬邦邦地固定的今天，近江一带还留着那种情趣，雨天是雨的故乡，下细雪的日子连河和湖都是细雪的故乡。北小松人家的房檐低低的，铁丹涂的栅栏旧旧的，连厕所门也涂了铁丹，那红色好像须田国太郎的色调。它清晰地映在细雪上，让人觉得这样的渔村如果是故乡该多么令人怀念啊。我非常喜欢近江。下行列车过了关原盆地，近江原野展现开来，胸中像有肥皂泡飞舞似的高兴。”司马的这种喜欢大概是来自芭蕉。

芭蕉爱近江，写过这样一首俳句：行く春を近江の人と惜しみける。

试译：

又惜春光去

无边烟雨正朦胧

近江人同行

芭蕉四十七岁（1690年）所作，有一句引言，曰：望湖水惜春。芭蕉和门徒们在琵琶湖的景胜之地唐崎泛舟，置身于实景，道出真情。琵琶湖区划为湖南、湖东、湖北、湖西，湖南有“近江八景”。几乎不消说，这是比照中国湖南的潇湘八景拟定的，有比良暮雪、矢桥归帆、石山秋月、濑田夕照、三井晚钟、坚田落雁、粟津晴岚、唐崎夜雨。

芭蕉在近江有很多门人，从武士到僧侣、商人、医师、农民。他是俳圣，门徒之中有三十六俳仙，其中，江户四人，美浓和尾张各四人，而近江多达十二人。净土真宗在近江几乎村村有大屋顶的寺庙，靠几十来户信徒的供养来维持，这就是“近江门徒”。芭蕉漂泊一辈子，居无定所，但晚年有四五年时间常住在近江各处，就是靠门徒们养活。他一生创作了九百八十首俳句，其中八十九首是在近江创作的，还撰写了俳文（与雅文、汉文相对而言的新文体，含有俳意，雅俗兼具）《幻住庵记》。春去也，处处可惜，但是和近江人一起惜春，别有一番情义在心头。有人批评“近江”是泛泛而语，替换为“丹波”也一样。芭蕉说：过去的歌人们也喜爱近江国的春光，惋惜春归去，吟咏那种情感，不亚于感怀都城之春，丹波岂可同日而语。所以“近江人”不仅指“近江蕉门”的弟子们，也蕴含了古来解风雅的近江传统。

司马辽太郎说：“近江春天好，但是从车窗眺望的湖东平野冬天才好”。看来我也该冬天里乘车去走一遭。

《知日》零售名录

网站 亚马逊 / 当当网 / 京东 / 文轩网 / 博库网 天猫 中信出版社官方旗舰店 / 博文书集图书专营店 / 墨轩文阁图书专营店 / 唐人图书专营店 / 新经典一力图书专营店 / 新视角图书专营店 / 新华文轩网络书店 北京 三联书店 /PageOne 书店 / 单向空间 / 时尚廊 / 字里行间 / 中信书店 / 万圣书园 / 王府井书店 / 西单图书大厦 / 中关村图书大厦 / 亚运村图书大厦 上海 上海书城福州路店 / 上海书城五角场店 / 上海书城东方店 / 上海书城长宁店 / 上海新华连锁书店港汇店 / 季风书园上海图书馆店 / "物心"K11 店(新天地店) 广州 广州方所书店 / 广东联合书店 / 广州购书中心 / 广东学而优书店 / 新华书店北京路店 深圳 深圳西西弗书店 / 深圳中心书城 / 深圳罗湖书城 / 深圳南山书城 江苏 苏州诚品书店 / 南京大众书局 / 南京先锋书店 / 南京市新华书店 / 凤凰国际书城 浙江 杭州晓风书屋 / 杭州庆春路购书中心 / 杭州解放路购书中心 / 宁波市新华书店 河南 三联书店郑州分销店 / 郑州市新华书店 / 郑州市图书城五环书店 / 郑州市英典文化书社 广西 南宁西西弗书店 / 南宁书城新华大厦 / 南宁新华书店五象书城 / 南宁西西弗书店 福建 厦门外图书城 / 福州安泰书城 山东 青岛书城 / 济南泉城新华书店 山西 山西尔雅书店 / 山西新华现代连锁有限公司图书大厦 湖北 武汉光谷书城 / 文华书城汉街店 湖南 长沙弘道书店 / 德思勤 24 小时书店 天津 天津图书大厦 安徽 安徽图书城 江西 南昌青苑书店 香港 香港绿野仙踪书店 云贵川渝 成都方所书店 / 贵州西西弗书店 / 重庆西西弗书店 / 成都西西弗书店 / 文轩成都购书中心 / 文轩西南书城 / 重庆书城 / 重庆精典书店 / 云南新华大厦 / 云南昆明书城 / 云南昆明新知图书百汇店 东北地区 大连市新华购书中心 / 沈阳市新华购书中心 / 长春市联合图书城 / 新华书店北方图书城 / 长春市学人书店 / 长春市新华书店 / 哈尔滨学府书店 / 哈尔滨中央书店 / 黑龙江省新华书城 西北地区 甘肃兰州新华书店西北书城 / 甘肃兰州纸中城邦书城 / 宁夏银川市新华书店 / 新疆乌鲁木齐新华书店 / 新疆新华书店国际图书城 机场书店 北京首都国际机场 T3 航站楼中信书店 / 杭州萧山国际机场中信书店 / 福州长乐国际机场中信书店 / 西安咸阳国际机场 T1 航站楼中信书店 / 福建厦门高崎国际机场中信书店